essentials

essentials liefern aktuelles Wissen in konzentrierter Form. Die Essenz dessen, worauf es als „State-of-the-Art" in der gegenwärtigen Fachdiskussion oder in der Praxis ankommt. *essentials* informieren schnell, unkompliziert und verständlich

- als Einführung in ein aktuelles Thema aus Ihrem Fachgebiet
- als Einstieg in ein für Sie noch unbekanntes Themenfeld
- als Einblick, um zum Thema mitreden zu können

Die Bücher in elektronischer und gedruckter Form bringen das Expertenwissen von Springer-Fachautoren kompakt zur Darstellung. Sie sind besonders für die Nutzung als eBook auf Tablet-PCs, eBook-Readern und Smartphones geeignet. *essentials:* Wissensbausteine aus den Wirtschafts-, Sozial- und Geisteswissenschaften, aus Technik und Naturwissenschaften sowie aus Medizin, Psychologie und Gesundheitsberufen. Von renommierten Autoren aller Springer-Verlagsmarken.

Weitere Bände in der Reihe http://www.springer.com/series/13088

Patrick Haag · Stefan Luppold

Zielgruppenorientierte Veranstaltungskonzeption

Messen, Kongresse und Events auf Zielgruppen ausrichten

Patrick Haag
HAAG INTERNATIONAL EVENTS
Wimsheim, Deutschland

Stefan Luppold
Duale Hochschule Baden-Württemberg
Ravensburg, Deutschland

ISSN 2197-6708   ISSN 2197-6716   (electronic)
essentials
ISBN 978-3-658-31887-1   ISBN 978-3-658-31888-8   (eBook)
https://doi.org/10.1007/978-3-658-31888-8

Die Deutsche Nationalbibliothek verzeichnet diese Publikation in der Deutschen Nationalbibliografie; detaillierte bibliografische Daten sind im Internet über http://dnb.d-nb.de abrufbar.

Planung/Lektorat: Rolf-Günther Hobbeling
Springer Gabler ist ein Imprint der eingetragenen Gesellschaft Springer Fachmedien Wiesbaden GmbH und ist ein Teil von Springer Nature.
Die Anschrift der Gesellschaft ist: Abraham-Lincoln-Str. 46, 65189 Wiesbaden, Germany

Was Sie in diesem *essential* finden können

- Einführung in das Thema Zielgruppenorientierung
- Erläuterungen zu den Begriffen Ziele, Zielgruppen und Zielgruppenziele
- Zielgruppenorientiertes Projektmanagement
- Handlungsempfehlungen
- Beispiele für zielgruppenorientierte Veranstaltungskonzeption
- Empfehlungen für weiterführende Literatur

Vorwort

Wer Events, Konferenzen oder Messen plant und durchführt, denkt typischerweise in Dimensionen wie „Organisation", „Kreativität" und „Budget": Ein professionelles Projektmanagement begleitet eine mit großer schöpferischer Kraft geschaffene Veranstaltung unter Einhaltung der finanziellen Limits.

Spätestens dann, wenn die Frage nach der Erfolgsmessung gestellt wird, ist oft Ratlosigkeit anzutreffen. Die Einhaltung des Budgets ist sicherlich ein Teilziel, ebenso das Erreichen einer gewünschten Teilnehmer- bzw. Besucherzahl, so wie auch das Einhalten des Zeitplans. Wo aber findet sich das übergeordnete Ziel, das der eigentliche Grund für diese Veranstaltung ist?

Der bestimmende Faktor für die Veranstaltungskonzeption ist die Zielgruppe als Adressat – an die Zielgruppe richtet sich das, was vermittelt werden und Wirkung entfalten soll. Deshalb muss der Fokus auf die Menschen gerichtet werden, die unseren Event, unseren Kongress oder unseren Messestand besuchen sollen.

Wichtig dabei ist es, den Zusammenhang zwischen den Zielen des Veranstalters, den Merkmalen und Erwartungen der Zielgruppen und schließlich deren spezifischen Zielen zu verstehen. Eine Veranstaltung ist dann potenziell erfolgreich, wenn die Zielgruppen „verstanden" und deren Ziele mit denen des Veranstalters harmonisiert sind.

„What is in for me?" fragen die Unternehmen, die Budget für die Durchführung von Messebeteiligungen oder Marketing-Events bereitstellen. „What is in for me?" fragen aber auch die potenziellen Gäste, Besucher, Teilnehmer. Nur eine Berücksichtigung beider Perspektiven ermöglicht eine erfolgreiche Veranstaltungskonzeption.

Wir – die Autoren dieses *essentials* – haben Ihnen ein theoretisches Fundament beschrieben, ergänzt um Methoden, Werkzeuge und weiterführende Literatur. Dies auch als ein Extrakt aus unserer eigenen praktischen Tätigkeit, aus den persönlichen Erfahrungen in der Konzeption und Realisation von Events, Konferenzen und Messen.

Wir wünschen Ihnen eine erkenntnisreiche Lektüre und erfolgreiche Veranstaltungen durch eine zielgruppenorientierte Konzeption!

Patrick Haag
Stefan Luppold

Inhaltsverzeichnis

Einleitung 1

Um Veranstaltungen wie Messen, Kongresse oder Events im Kontext der Unternehmenskommunikation professionell zu konzipieren, effektiv und effizient zu managen und schließlich zu einem erfolgreichen Ergebnis zu führen, bedarf es eines adäquaten Veranstaltungsmanagements. Dieses baut auf den Bestandteilen, Methoden und Tools des Projektmanagements auf und verknüpft diese mit den speziellen Anforderungen und Eigenschaften der Live-Kommunikation. Hieran anschließend wird in diesem Essential auf einen zentralen Teil des Projektmanagements beziehungsweise auf den zentralen Teil des Veranstaltungsmanagements näher eingegangen: die Zielgruppenorientierung.

Die Auseinandersetzung mit der Thematik erfolgt in vier Teilen. Dieses erste Kapitel schafft eine inhaltliche Basis, indem eine kurze Hinführung zum Thema erfolgt (siehe Abschn. 1.1: Hinführung), die Relevanz der Thematik aufgezeigt wird (siehe Abschn. 1.2: Relevanz der Thematik), grundlegende Begrifflichkeiten und deren Verständnis erläutert werden (siehe Abschn. 1.3: Grundlegende Terminologie) und auf den Terminus sowie die Aufgaben des Managements näher eingegangen wird (siehe Abschn. 1.4: Management).

Kap. 2 stellt den Hauptteil dieses Essentials dar. So wird einführend auf Ziele und Zielsetzungen im allgemeinen sowie im speziellen Kontext des Veranstaltungsmanagement eingegangen (siehe Abschn. 2.1: Ziele und Zielsetzung). Dem folgt die aus den Zielen abgeleitete Auseinandersetzung mit den unterschiedlichen Zielgruppen von Veranstaltungen (siehe Abschn. 2.2: Zielgruppen), bevor im darauffolgenden Kapitel auf deren individuelle Ziele, Bedürfnisse, Erwartungen und Anforderungen Bezug genommen wird (siehe Abschn. 2.3: Zielgruppenziele). Die abschließende und zusammenfassende Betrachtung von Zielen, Zielgruppen und deren Zielen erfolgt modellgestützt im letzten Kapitel dieses Abschnittes (siehe Abschn. 2.4: Modell).

© Der/die Herausgeber bzw. der/die Autor(en), exklusiv lizenziert durch
Springer Fachmedien Wiesbaden GmbH, ein Teil von Springer Nature 2020
P. Haag und S. Luppold, *Zielgruppenorientierte Veranstaltungskonzeption,*
essentials, https://doi.org/10.1007/978-3-658-31888-8_1

Das dritte Kapitel untermauert die eher theoretischen Überlegungen des vorangegangenen Teils anhand verschiedener Praxisbeispiele. So wird exemplarisch aufgezeigt, wie spanische Kulturbetriebe (siehe Abschn. 3.1: Pay per Laugh), eine weltweit bekannt Biermarke (siehe Abschn. 3.2: Heineken), eine Hochschulveranstaltung (siehe Abschn. 3.3: Konferenz der dualen Partner) oder eine Innovationswerkstatt (siehe Abschn. 3.4: Homogenisierung einer heterogenen Teilnehmergruppe) ihre Veranstaltungen und Aktivitäten an den entsprechenden Zielgruppen ausrichten.

Dieses Essential schließt mit einer Schlussbetrachtung ab (siehe Kap. 4: Schlussbetrachtung), in welcher eine Zusammenfassung der Überlegungen erfolgt und ein Fazit zur zielgruppenorientierten Veranstaltungskonzeption gezogen wird.

1.1   Hinführung

Mit einem Umsatz von jährlich rund 130 Mrd. EUR und etwa 1,5 Mio. Beschäftigten stellt die Veranstaltungswirtschaft die sechstgrößte Branche in Deutschland dar[1] (R.I.F.E.L. 2020, S. 3). Während der allergrößte Teil hiervon auf wirtschafts- und unternehmensbezogene Veranstaltungen entfällt, finden in deutschen Veranstaltungslocations jährlich rund 3 Mio. Veranstaltungen mit weit über 400 Mio. Teilnehmern statt (EITW 2020, S. 9). Dass die Teilnehmerzahlen in den vergangenen Jahren nahezu kontinuierlich zunehmen, kann unter anderem auf die Professionalisierung der Veranstaltungsbranche insgesamt und auf immer professionellere Veranstaltungen zurückgeführt werden. So richten sich Veranstaltungskonzepte – zumindest in den meisten Fällen – immer mehr an ihren Zielgruppen aus, unter anderem auch, um in einem stetig wachsenden Wettbewerb mit immer größer werdender Angebotsvielfalt bestehen zu können. Ein weiteres Argument für den Bedarf zunehmend professionellerer Veranstaltungen und durchdachter Veranstaltungskonzepte kann auf der Nachfragerseite (Besucher der Veranstaltung) gefunden werden. So steigen sowohl im Bereich von Business- und Unternehmensveranstaltungen sowie im Kontext von Freizeit-, Sport- und Kulturevents die Anforderungen und Ansprüche der unterschiedlichen Zielgruppen kontinuierlich an.

Die durch die Corona-Pandemie ab März 2020 eingetretenen und weiterhin zu erwartenden Einschränkungen wirken sich mit erheblichem Einfluss auf

---

[1]Zahlen und Datengrundlage aus den Jahren 2018/2019.

die Veranstaltungswirtschaft im Ganzen und jede Veranstaltung im Einzelnen aus. So führen Absagen von Veranstaltungen, Beschränkungen von Besucher- und Teilnehmerzahlen, Hygienekonzepte und -richtlinien und/oder unterschiedlichste – mehr oder weniger praktikable und sinnvolle – Vorgaben an Veranstalter[2] schließlich zu neuen Aufgaben und Herausforderungen für die gesamte Branche. Im Kontext dieser Diskussionen darf jedoch unter keinen Umständen der entscheidende und kritische Erfolgsfaktor der Veranstaltungen vernachlässigt werden: der Besucher.

So fordert die neue Situation Veranstalter und alle beteiligten Gewerke nicht nur organisatorisch (z. B. mit der Erstellung und Umsetzung eines Hygienekonzepts) sondern auch in Bezug auf die Ausrichtung des gesamten Veranstaltungskonzepts auf die relevanten Zielgruppen. Exemplarische Fragen können in diesem Kontext sein:

- Welche Erwartungen haben die Besucher in Bezug auf das Hygienekonzept?
- Wie reagieren Besucher auf Hygiene- und Abstandsregeln und wie wird seitens des Veranstalters und dessen Personal damit umgegangen?
- Wie können die Kommunikationsziele der Zielgruppen auf einem Networkingevent trotz Abstandsregeln erreicht werden?
- Wie wird das Catering auf einem Businessevent umgesetzt, wenn das bisherige und bei den Zielgruppen beliebte Buffet aufgrund von genehmigungstechnischen und amtlichen Vorgaben nicht mehr stattfinden kann?

Diese und weitere Aspekte müssen in die Überlegungen zur Konzeption jeder Veranstaltung mit einfließen und entsprechend beachtet werden. So spielt die Ausrichtung von Veranstaltungen an deren Zielgruppe nach wie vor eine entscheidende Rolle und darf aufgrund äußerer Entwicklungen und anderer Herausforderungen nicht hintenangestellt werden. Vielmehr bedarf es der Anpassung des gesamten Veranstaltungskonzeptes an die Situation und Bedürfnisse der Zielgruppen. Dies galt bereits vor Corona und wird auch weiterhin im selben Ausmaß gelten – wenn nicht sogar noch an Relevanz gewinnen.

---

[2]Aus Gründen der Lesbarkeit bedient sich dieses Essential an entsprechenden Stellen überwiegend männlicher Substantive, schließt im jeweiligen Kontext jedoch jegliche Geschlechter selbstverständlich mit ein.

1.2   Relevanz der Thematik

Die Relevanz der Ausrichtung von Veranstaltungskonzepten an den jeweiligen Zielgruppen besteht für jede Veranstaltung. Dies gilt unabhängig davon, ob die Veranstaltung vor Corona stattgefunden hat, während oder in der Zeit nach der Pandemie. Weiter spielt es keine Rolle, ob die Veranstaltung „offline", also live und vor Ort, online oder in einer hybriden Form (mit realen und virtuellen Anteilen und Elementen) durchgeführt wird.

Unabhängig ihrer Form oder des Konzepts ist das Zusammenkommen von Menschen zentraler Bestandteil eines jeden Veranstaltungskonzeptes. Hierbei spielt es keine Rolle, wie „die Menschen" die zusammenkommen bezeichnet werden. Ob es sich hierbei im Wording um „Zielgruppen", „Besucher", „Gäste", „Rezipienten", „Teilnehmer" oder „Zuschauer" handelt – sie stellen den Mittelpunkt der Veranstaltung dar und sind in nahezu allen Fällen der Grund, weshalb die Veranstaltung durchgeführt wird und maßgeblicher Faktor im Rahmen der Erfolgsbeurteilung der Veranstaltung.

Die herausragende Bedeutung des „Zusammenkommens von Menschen" wird nicht nur aus dem praktischen Kontext, sondern auch in der terminologischen Abgrenzung und Auseinandersetzung mit Veranstaltungen deutlich. So versteht Bühnert (2013, S. 199 ff.) mit Verweis auf Beckman et al. (2006, S. 38) verschiedene Veranstaltungsformate und Veranstaltungen als Ereignisse, bei denen „Menschen aus Wissenschaft, Wirtschaft, Politik, Sozialwesen, Gemeinwesen oder anderen Interessengruppen in einem bestimmten Zeitraum an einem festgelegten Ort zusammenkommen" (Bühnert 2013, S. 199). Weiter stellt er eine Gemeinsamkeit dieser Personen heraus und unterstreicht, dass das Zusammenkommen nur deshalb geschieht, da die Zielgruppen ein gemeinsames Interesse, an einem Brennpunkt, einem Geschehen im Raum oder an etwas im „sogenannten Rampenlicht" haben (Bühnert 2013, S. 200).

Aus der terminologischen Auseinandersetzung mit dem Veranstaltungsbegriff lässt sich demnach einerseits die Relevanz der Besucher ableiten, während andererseits ein erster Hinweis auf das Interesse, die Erwartungen, Bedürfnisse oder Ziele der Zielgruppen erfolgt. In der näheren – und an dieser Stelle initialen – Auseinandersetzung mit den Zielgruppen empfiehlt sich die Betrachtung genereller Entwicklungen, mit denen Veranstalter deshalb konfrontiert werden, da sich die Veranstaltungsbesucher aus „der Gesellschaft" zusammensetzen und diese Entwicklungen dementsprechend abbilden.

Im Rahmen ihrer Überlegungen zur Nachfrage nach Dienstleistungen setzen sich Meffert et al. (2018, S. 4 ff.) mit eben diesen Entwicklungen auseinander, die „die Menschen" insgesamt und damit auch die Menschen auf Veranstaltungen betreffen. Übergreifend fassen sie hierbei folgende Aspekte zusammenstellen (Meffert et al. 2018, S. 5):

- Entwicklungen des Nachfragerverhaltens
  - Trend zu Convenience
  - Steigende Ansprüche
  - Sinkende Loyalität
  - Kundenforen und Kommunikation im Internet
  - Zunehmendes Preisbewusstsein
  - Nutzung von Bewertungsportalen
- Demografische Entwicklungen
  - Altersstruktur der Gesellschaft
  - Steigende Lebenserwartung
  - Erhöhte Nachfrage nach Pflege und Freizeitdienstleistungen
  - Zunahme Ausländeranteile
- Entwicklungen der Märkte
  - Zunehmende Konkurrenz
  - Differenzierung durch Zusatzleistungen
  - Wachsende Bedeutung von Value Added Services
  - Internationalisierung
- Technologische Entwicklungen
  - Technologiegeleitete Bedarfsweckung
  - Komplexität moderner Sachgüter
  - E-Business und E-Services
  - Social Media
  - Internet der Dinge
- Gesellschaftliche Entwicklungen
  - Gestiegener Anteil erwerbstätiger Frauen
  - Verkürzung der Arbeitszeit
  - Entlokalisierung von geschäftlichen und privaten Kontakten
  - Wertewandel

Diese Überlegungen und Aspekte, welche die Entwicklungen der letzten Jahre und Jahrzehnte zusammenfassen, können bereits heute um diverse Punkte und Weiterentwicklungen ergänzt werden und bedürfen in der genaueren Betrachtung spezifischen Adaptionen. So sind die Entwicklungen als äußerst agil anzusehen und müssen bei jeder „Anwendung" neu überdacht werden.

Gerade im Rahmen der Veranstaltungskonzeption und im Design von Kommunikationskonzepten kommt solchen Aspekten eine besonders hohe Bedeutung zu. So bedarf es insofern der Anpassung von Veranstaltungs- und Kommunikationskonzepten an die Zielgruppe, dass wenn diese zum Beispiel Wert auf Nachhaltigkeit und eine gesunde Ernährung legt („Wertewandel" bei Meffert et al.), sich in Sozialen Medien bewegt („Social Media") und aus dem internationalen Umfeld zusammensetzt („Internationalisierung"), ebendiese Punkte auch in der Veranstaltungskonzeption berücksichtigt werden. Eine mehrsprachige und interkulturellen Ansprüchen angepasste Kommunikation über Social Media, gesundes F&B sowie die nachhaltige Gestaltung sind hier nur einige Ansatzpunkte für eine erfolgreiche Veranstaltung.

Die Relevanz der Auseinandersetzung mit der Zielgruppenorientierung in Veranstaltungskonzeption ergibt sich schließlich sowohl aus der theoretisch als auch aus der praktischen Perspektive. Nur wenn Veranstaltungen so konzipiert und durchgeführt werden, dass die Zielgruppen hierin durch die Adressierung ihrer Bedarfe, Interessen, Erwartungen, Bedürfnisse oder Ziele einen Mehrwert erfahren (oder zumindest erwarten), können schließlich die Ziele der Initiatoren und Veranstalter erreicht werden.

1.3   Grundlegende Terminologie

Aufgrund dessen, dass Zielgruppenorientierung ein Thema darstellt, welches bei allen Instrumenten der Live-Kommunikation und somit bei allen Veranstaltungsformaten von Relevanz ist, erfolgt im Rahmen dieses Essentials an zahlreichen Stellen eine analoge Verwendung verschiedener Begrifflichkeiten dieses Themenkomplexes. Weiter gilt dies für die Anwendung der Begriffe um Zielgruppen und Besucher von Veranstaltungen.

Um in diesem Kontext dennoch ein einheitliches und grundlegend differenziertes Verständnis der verwendeten Termini zu erreichen, wird nachfolgend auf die zwei großen „Begriffsfelder" eingegangen. Neben einer differenzierten Auseinandersetzung mit den verwendeten Begrifflichkeiten erfolgt an der jeweils entsprechenden Stelle auch die Erläuterung zur Verwendung der Begriffe in diesem Essential.

Instrumente der Live-Kommunikation und Veranstaltungsformate
Im Rahmen dieses Essentials werden unterschiedlichste Veranstaltungsformate und Instrumente der Live-Kommunikation angesprochen. Während der Begriff der Live-Kommunikation insgesamt zu einem der neueren Termini im Bereich

des Marketing und der Kommunikation gezählt werden kann (Dams 2008, 151), erfolgt in der Literatur die Auseinandersetzung vor allem mit den verschiedenen Instrumenten der Live-Kommunikation. Diese bringen Menschen zusammen, um ihnen ein „unmittelbares, interaktives, gemeinschaftliches Erleben" zu bieten (Wolf et al. 2013, 51). Den zentralen Aspekt stellt hierbei die direkte und persönliche Begegnung des Rezipienten mit dem Unternehmen und seiner Marke dar (Wiedmann 2016, 8; Dinkel/Semblat 2013, 133). Weitere Merkmale und Eigenschaften sind:

- Die ‚tatsächliche' Erfahrung (der Markenbotschaft) (Weinberg und Gröppel 1989, S. 21 ff.)
- Das aktive Erlebnis (Wohlfeil und Whelan 2006, S. 126)
- Die multisensuale Erfahrung (Kroeber-Riel und Gröppel-Klein 2013, S. 160 ff.; Nickel und Esch 2007, S. 71 ff.)
- Die persönliche Begegnung (Wiedmann 2016, S. 8)
- Der persönliche Dialog (Kirchgeorg et al. 2010, S. 64)
- Die persönliche Interaktion (Kirchgeorg und Springer 2010, S. 327)

Im Rahmen dieses Essentials wird die Live-Kommunikation nach den Überlegungen von Kirchgeorg et al. (2012, S. 18; 2009, S. 17) verstanden. Diese beschreiben Live-Kommunikation als die „persönliche, direkte, interaktive Begegnung und das aktive Erlebnis der Zielgruppe mit einem Unternehmen und seiner Marke in einem inszenierten und häufig emotional ansprechenden Umfeld zur Erzeugung einzigartiger und nachhaltiger Erinnerungen" (Kirchgeorg et al. 2009, S. 17).

Wie bei der oben angesprochenen definitorischen Einordnung von Veranstaltungen (siehe Abschn. 1.2: Relevanz der Thematik) steht auch bei allen Instrumenten der Live-Kommunikation das „live-Zusammenkommen" verschiedener Menschen, an einem bestimmten Ort zu einer definierten Zeit sowie der Fokus auf ein „Geschehen im Rampenlicht" im Mittelpunkt (Bühnert 2013, S. 199 f.). Diese Eigenschaften verbinden alle nachfolgend aufgeführten Veranstaltungsformate und Termini und sind für die Überlegungen im Rahmen dieses Essentials ausschlaggebend. Von einer differenzierten Betrachtung der unterschiedlichen Instrumente und Veranstaltungsformate wird deshalb abgesehen. Auch erfolgt keine differenzierte Auseinandersetzung damit, ob Veranstaltungen online, offline oder als hybride Variante durchgeführt werden oder ob der inhaltlichen Ausrichtung der Veranstaltungen (Business, Politik, Sport, Kultur, Unterhaltung etc.). Da in Bezug zu den angesprochenen und relevanten Eigenschaften jeweils dasselbe Grundmuster vorliegt, werden folgende Begrifflichkeiten analog verwendet:

- Live-Kommunikation/Instrumente der Live-Kommunikation
- Veranstaltungen/Veranstaltungsformate
- Events
- Messen und Ausstellungen
- Roadshows
- Brand-Lands und Showrooms
- Kongresse, Tagungen und Konferenzen

Zielgruppen und Besucher

Ebenso pragmatisch wird im Rahmen dieses Essentials mit den Begrifflichkeiten um Zielgruppen und Besucher verfahren. Bei allen aufgezeigten Veranstaltungs-formaten entsprechen, in der Regel und im Optimalfall, die Zielgruppen den Besuchern der Veranstaltung und vice versa. So werden unter nachfolgend gelisteten Begrifflichkeiten immer die Personen oder Personenkreise beschrieben, die mit dem Veranstaltungskonzept und der Veranstaltung adressiert werden sollen. Diese Begriffe werden, insofern nicht explizit anderweitig angemerkt, analog verwendet:

- Besucher
- Gäste
- Zielgruppen
- Rezipienten

1.4   Management

In der Auseinandersetzung mit dem Begriff und Ansätzen zum Management werden in der Literatur grundsätzlich drei Perspektiven unterschieden. Je nach Betrachtungsgegenstand und Fragestellung erfolgt eine Differenzierung nach (Scherm und Julmi 2019, S. 8):

- Funktionaler Perspektive
  Fragestellung: Welche Aufgaben müssen erfüllt werden um ein Unternehmen oder ein Projekt zu „führen"?
- Institutioneller Perspektive

Fragestellung: Wer übernimmt in welchem Umfang die zu erledigenden (Management-)Aufgaben?
- Aktivitätsorientierter Perspektive
  Was tun diejenigen, die die (Management-)Aufgaben erfüllen sollen tatsächlich?

Im Rahmen dieses Essentials und den dargestellten Überlegungen zur Zielgruppenorientierung bei Veranstaltungen wird nachfolgend vor allem auf die funktionale Perspektive eingegangen und aufgezeigt, welche Aufgaben im Kontext einer zielgruppenorientierten Veranstaltungskonzeption sowie eines entsprechenden Veranstaltungsmanagements durchgeführt werden müssen. Für eine tiefergehende Auseinandersetzung mit der institutionellen sowie der aktivitätsorientierten Perspektive sei an dieser Stelle auf weiterführende Literatur verwiesen.

Im Zentrum der Überlegungen zur funktionalen Managementperspektive steht der Manager bzw. die Manager an sich. So wird hinterfragt, welche Aufgaben dieser erfüllen muss, um die unternehmerischen oder projektspezifischen Ziele zu erreichen. Hierbei stehen folgende Aufgabengebiete im Mittelpunkt (Koontz und O'Donnel 1972):

- Planung
- Organisation
- Personalbereitstellung
- Führung
- Controlling

Zusammenfassend kann der funktionalen Managementbegriff schließlich subsummiert werden als jene Tätigkeiten, die von der Zielsetzung bis zur Zielerreichung und deren Kontrolle in Projekten und Unternehmen erfüllt und durchgeführt werden müssen (Winkelmann 2010, 55). Werden zielgruppenorientierte Veranstaltungen als Dienstleistung für den Besucher verstanden, kann nach Döring (2018, S. 52) und unter Bezug auf Burr und Stephan (2006, S. 31) das Management verstanden werden als der „Zusammenhang zwischen den Planungen, Entscheidungen, Durchführung und Kontrolle von Handlungen des Dienstleisters [Veranstalters] zur Erstellung und Vermarktung von Dienstleistungen [Veranstaltungen] sowie zur Sicherstellung dienstleistungsorientierten Verhaltens" (Döring 2018, S. 52). Diese Tätigkeit umspannt alle Phasen eines (Veranstaltungs-)Projektes, von der Initialisierung, bis zum Abschluss. DIN 69901 (2009) schlägt hierbei die Einteilung in folgende Projektphasen vor:

- Initialisierung
  (Bis zum Milestone: „Fertige Idee").
- Definition
  (Bis zum Milestone: „Auftrag/Go").
- Planung
  (Bis zum Milestone: Start der „Umsetzung").
- Steuerung
  (Bis zum Milestone: Ende der „Umsetzung").
- Abschluss

Werden Veranstaltungen als Projekte verstanden, ergibt sich der Bedarf eines entsprechend zielgruppenorientierten Managements. Dies zieht sich über alle Tätigkeiten und Aufgaben des Managements sowie über alle Projektphasen und die diese voneinander abgrenzenden Milestones hinweg. Tab. 1.1 zeigt einige Überlegungen zur Zielgruppenorientierung im Rahmen des Projektmanagements von Veranstaltungen exemplarisch auf.

Die Zielgruppenorientierung stellt eine Managementaufgabe dar und muss von den Verantwortlichen in Projekten „gelebt" werden. Voraussetzung für eine möglichst erfolgreiche Veranstaltung ist somit die konsequente Ausrichtung aller Aktivitäten, von der Initialisierung bis hin zum Abschluss, an den Zielgruppen der Veranstaltung.

Tab. 1.1 Zielgruppenorientierung in Veranstaltungsprojekten

Phase oder Milestone	Zielgruppenorientierung (exemplarisch)
Initialisierungsphase	Die Initialisierungsphase stellt den „Start vor dem Start" des Projekts dar. So soll durch Projektentwicklung und Projektauswahl die Identifikation des Projekts erfolgen In dieser Phase entscheidet sich auf Grundlage der Projektziele zum Beispiel, ob die Zielgruppen mittels exklusivem Event oder im Rahmen einer Branchenmesse von einem neuen Produkt erfahren sollen. Bereits in dieser frühen Projektphase kommt der Zielgruppenorientierung eine zentrale Rolle zu, da hier entschieden wird, wie die Zielgruppe schließlich angesprochen und erreicht werden soll
Milestone: Fertige Idee	Die Initialisierungsphase schließt mit einer fertigen Idee ab. Zu diesem Punkt steht fest, „welches" Projekt realisiert werden soll Diese fertige Idee baut auf den Zielgruppen und deren Erwartungen auf und muss sich konsequent an diesen orientieren. Nur dann, wenn die Idee „passt" und von der Zielgruppe angenommen wird, kann diese damit auch erreicht werden
Definitionsphase	Zentrale Fragestellungen der Definitionsphase beschäftigen sich damit, wie das Projekt organisiert ist und welche Rolle Projektmanager und Projektteam einnehmen. Die bisherigen Überlegungen werden konkretisiert und an interne und externe Stakeholder kommuniziert Im Rahmen der Kommunikation des Projektvorhabens an diverse Stakeholder muss verdeutlicht werden, auf wen das Projekt abzielt. Der Projekterfolg wird dann am größten, wenn alle Stakeholder auf das Projektziel und die damit verbundenen Zielgruppen gebrieft sind, um dann gemeinsam darauf hinarbeiten zu können
Milestone: Auftrag/Go	Ziel der Definitionsphase ist es, die „Projektidee" und die Überlegungen zur Umsetzung soweit zu konkretisieren, dass interne oder externe Auftraggeber das „Go" zur Planung und Umsetzung geben Auch an diesem Punkt kommt der Zielgruppenorientierung eine nicht zu unterschätzende Rolle zu. So muss das Konzept, welches dem Auftraggeber (zum Beispiel im Rahmen eines Pitches) vorgelegt wird klar aufzeigen, wie durch das Projekt ein Mehrwert für den Auftraggeber entsteht. Dieser kann vor allem dann entstehen, wenn die relevanten Zielgruppen erreicht werden und dadurch zum Beispiel Leads oder Vertragsabschlüsse generiert werden

(Fortsetzung)

Tab. 1.1 (Fortsetzung)

Phase oder Milestone	Zielgruppenorientierung (exemplarisch)
Planungsphase	Die Planungsphase setzt sich damit auseinander, wie die Projektziele mit den gegebenen Rahmenbedingungen (Budget, Termine, Verfügbarkeit von Ressourcen, Qualitätsanforderungen etc.) erreicht werden können Im Kontext von Veranstaltungen können die Ziele in der Regel nur dann erreicht werden, wenn die richtige Zielgruppe (Qualität) in der richtigen Menge (Quantität) erreicht wird. Dies bedarf einer auf die Zielgruppen und deren Bedürfnisse abgestimmte Projektplanung
Milestone: Start der Umsetzung	Am Ende der Planungsphase steht fest, wie das Projekt realisiert wird, sodass mit der Umsetzung begonnen werden kann Die Pläne und Planungsunterlagen müssen sich hierbei an den Zielgruppen orientieren und diese entsprechend und an zentraler Stelle berücksichtigen
Steuerungsphase	In der Steuerungsphase kommt dem Projektcontrolling eine zentrale Rolle zu. So steht die Umsetzung der Planungen im Mittelpunkt dieser Phase. Bei Abweichungen vom Plan muss eine entsprechende Reaktion (Abweichungsanalyse, Plan B, Krisenmanagement etc.) seitens des Projektmanagements erfolgen In dieser Phase treffen das Projekt bzw. die Veranstaltung und die korrespondierenden Zielgruppen direkt aufeinander. Hier zeigt sich anhand der „Zufriedenheit" der Besucher, ob deren Bedürfnisse erfüllt wurden und ob diese ihre Ziele erreicht haben
Milestone: Ender der Umsetzung	Bei diesem Milestone ist die Umsetzung des Projekts bzw. der Veranstaltung abgeschlossen und es wird in die Abschlussphase übergegangen Der direkte Kontakt zur Zielgruppe ist beendet, das daraus resultierende Ergebnis stellt eine mehr oder weniger gute Zielerreichung dar
Abschlussphase	Im Rahmen dieser Phase wird das Projekt intern (z. B. durch Abrechnung, Erfolgsbeurteilung, Feedback) und extern (z. B. durch abschließenden Pressebericht, Dankesschreiben an Beteiligte) abgeschlossen Hier besteht die letzte Chance mit der Zielgruppe des Projekts in Verbindung zu treten, wobei diese zudem die Gelegenheit darstellt den Kontakt für Folgeprojekte zu initiieren

Ziele 2

Sowohl im Rahmen des Projektmanagements sowie – mit dem Hintergrund, dass Veranstaltungen in der Regel eben als Projekte verstanden werden müssen – im Kontext des Veranstaltungsmanagements, kommt der Zielsetzung eine prominente Rolle zu. So gibt die Zielsetzung die Richtung des Projekts vor und muss Grundlage aller Entscheidungen im Projekt- oder Veranstaltungsmanagement sein. Erfolgreiche Veranstaltungen erfordern dementsprechend eine präzise Zielsetzung, denn, wie bereits der chinesische Philosoph Laozi im sechsten Jahrhundert vor Christus gesagt haben soll (Scherer et al. 2004, S. 48):

> Nur wer sein Ziel kennt, findet den Weg.

Diese Ziele wiederum beinhalten und bieten Grundlage für die Überlegungen zu Zielgruppen und der Auseinandersetzung mit deren Zielen, Erwartungen, Wünschen, Bedürfnissen und Bedarfen.

Im Rahmen dieses Kapitels wird auf Ziele und Zielsetzungen eingegangen (siehe Abschn. 2.1: Ziele und Zielsetzung) und erläutert welche Rolle den korrespondierenden Zielgruppen zukommt (siehe Abschn. 2.2: Zielgruppen). Weiter erfolgt die Auseinandersetzung mit deren Zielen, den sogenannten Zielgruppenzielen (siehe Abschn. 2.3: Zielgruppenziele), bevor die gesamten Überlegungen zu Zielen, Zielgruppen und Zielgruppenzielen modellhaft zusammengefasst werden (siehe Abschn. 2.4: Modell).

2.1   Ziele und Zielsetzung

Die Zielsetzung stellt das Fundament einer professionellen Veranstaltungskonzeption sowie der daran anschließenden Operationalisierung in Ver-
anstaltungsplanung, -organisation und -management dar. So müssen bereits in
den ersten Schritten der Initialisierungsphase Ziele festgelegt oder aus dem übergeordneten Kontext abgeleitet werden, um die darauffolgenden Maßnahmen
konsequent und entsprechend zielorientiert darauf abzustimmen. Nur so kann
ein planloses Agieren nach „Trail and Error" vermieden werden und die Veranstaltung schließlich effektiv und effizient durchgeführt werden.

Immanuel Kant formuliert in diesem Zusammenhang (Bayer und Beck 2008,
S. 22):

> Der Ziellose erleidet sein Schicksal – der Zielbewusste gestaltet es.

Hiermit unterstreicht Kant die Relevanz der Zielsetzung, nicht nur in Veranstaltungsprojekten. Weiter wird die Relevanz einer fundierten Zielsetzung und
-formulierung in nahezu jeder Auseinandersetzung mit der Disziplin des Projektmanagements hervorgehoben. Zahlreiche Statements und Merksätze, wie zum
Beispiel nach Lucius Annaeus Seneca, betonen hierbei, dass erfolgreiche Projekte
ohne eine initiale Zielsetzung grundsätzlich nicht möglich sind:

> Wer den Hafen nicht kennt, in den er segeln will, für den ist kein Wind der richtige.

Im Rahmen eines strategischen Managements stellt sich zu Beginn der Auseinandersetzung die Frage, woher eine entsprechende Zielformulierung oder
Zielsetzung kommen soll. So ist es in der Regel nicht die Auflage und unterliegt
nicht den Kompetenzen, beziehungsweise ergibt im Rahmen eines strategischen
Managementansatzes wenig Sinn, wenn die Ziele von der Funktion des Projekt-
managers und nach dessen Gusto aufgestellt werden. Viel mehr fällt es in sein
Aufgabengebiet die Zielsetzung mit den verantwortlichen, übergeordneten Stellen
abzusprechen und an korrespondierende Werte, Vorstellungen, Einstellungen und
übergeordnete (strategische) Ziele anzupassen.

Grafisch werden diese Überlegungen unter anderem in der Zielpyramide nach
Becker (2006, S. 28) zusammengefasst. Weitere und tiefergehende Auseinander-
setzungen und Darstellungsformen, zum Beispiel mit dem Fokus auf Marketing-
und Kommunikationsthemen, finden sich auch bei Meffert et al. (2019, S. 279 ff.)
oder bei Esch und Langner (2019, S. 1381 f.).

Grundlegende Idee der jeweiligen Darstellung ist es, dass Ziele und Zielsysteme in Unternehmen, Institutionen oder anderen Kontexten hierarchisch aufgebaut sind. So stehen an den Spitzen der jeweiligen Pyramiden Wertevorstellungen, der Unternehmenszweck oder das Gesamt- bzw. Grobziel der Unternehmung. In der Top-down-Betrachtung werden Ziele demnach von allgemeinen Wertevorstellungen, über den Unternehmenszweck, die Unternehmensziele, Bereichs- und Kommunikationsziele, Phasenziele, bis hin zu Instrumentalzielen immer konkreter. Bottom-up entsteht somit eine Mittel-Zweck-Beziehung, sodass die Instrumentalziele dazu dienen sollen, die Phasenziele zu erreichen, die Phasenziele sollen zur Erreichung der Bereichs- und Kommunikationsziele beitragen und so weiter.

Dem folgend ergeben sich Ziele von Projekten und/oder Veranstaltungen aus dem Unternehmenskontext. Im praktischen Beispiel kann dies vereinfacht an einem fiktiven Messeauftritt eines mittelständischen Unternehmens verdeutlicht werden. So ist dieses in Deutschland sehr erfolgreich und verfolgt nun, auf strategischer Ebene, den Eintritt in den chinesischen Markt. Neben weiteren Zielen und Funktionen, die der Messeauftritt zu erfüllen hat, muss er auch als Mittel zur Erreichung des strategischen Ziels, des Markteintritts nach China fungieren. In der Messeplanung sowie der operativen Umsetzung ist dies dahingehend zu berücksichtigen, dass zum Beispiel entsprechende Informationsmaterialien vorhanden sind, sich Personal auf dem Messestand befindet, welches mit der chinesischen Kultur und Sprache vertraut ist und dass die Standmitarbeiter in einem Briefing entsprechend informiert und vorbereitet werden.

Die Messeteilnahme kann somit als Mittel verstanden werden, um – neben anderen Zielen – das Ziel der Internationalisierung nach China voran zu treiben oder zu erreichen. Dementsprechend muss der Markteintritt nach China auch im Rahmen der Formulierung der Messeziele berücksichtigt werden.

Ein weiteres Beispiel bietet ein Musikfestival, welches von einer Stadt veranstaltet wird. So sind dort Wertevorstellungen (obere Spitze der Zielpyramide) zum Beispiel die Toleranz gegenüber Menschen unterschiedlicher Nationalität, Herkunft, Kultur, Religion, Geschlecht, sexueller und politischer Orientierung oder sozialer Stellung. Diese Werte müssen schließlich in die Festivalkonzeption (Instrumentalzicle, untere Ebene der Zielpyramide) mindestens in dem Maße mit einfließen, dass keine der genannten Personengruppen diskriminiert wird.

Neben der Ableitung der Handlungsziele aus den entsprechend übergeordneten Zielen kommt der konkreten Formulierung der Zielsetzung eine bedeutende Rolle zu. In diesem Kontext muss vor allem auf das etablierte Modell der SMARTen Zielsetzung eingegangen werden. So kann mithilfe der „Formel" die Zielformulierung anhand von fünf zentralen Kriterien erfolgen (Tab. 2.1):

Tab. 2.1 Zielsetzung und Zielformulierung: SMART

	Englisch	Deutsch
S	Specific	Spezifisch
M	Measurable	Messbar
A	Attractive	Attraktiv
R	Realistic	Realistisch
T	Timed	Terminiert

Je nach Quelle, Interpretation oder Anwendungsbereich können teilweise leicht abgeänderte Versionen oder Auslegungen der Formel vorgefunden werden. Dies erfolgt, unter anderem – aber vermehrt – in Bezug auf das A, welches zum Beispiel als attractive (attraktiv), accepted (akzeptiert) oder achievable (erreichbar) verstanden wird. Trotz dieser Variationen und in allen Varianten hat der grundsätzliche Gedanke einer SMARTen Zielformulierung Fortbestand. So sollen Ziele so formuliert werden, dass sie möglichst konkret (spezifisch und terminiert), tatsächlich erreichbar (realistisch und attraktiv bzw. akzeptiert oder erreichbar im Sinne von achievable) und durch die Messbarkeit bewertbar sind.

S

In Bezug auf Veranstaltungsprojekte bezeichnet spezifisch einerseits die konkrete Veranstaltung und geht andererseits auf die anzusprechende oder zu erreichende Zielgruppe ein. So kann der spezifische Teil der Zielformulierung zum Beispiel lauten:

- Die Zielsetzung bezieht sich auf den Messeauftritt im Rahmen der ITB 2022 und die Zielgruppe internationaler Einkäufer aus dem asiatischen Raum, welche jährlich mindestens 20.000 € umsetzen.
- Die Zielsetzung bezieht sich auf das Festival der Kommune im kommenden Sommer, konkret auf die Zielgruppe der 18- bis 25-jährigen Besucher.

M

Das Argument der Messbarkeit kann je nach Zielsetzung einfacher oder schwieriger umsetzbar sein. Vor allem bei Projekten, welche grundsätzlich quantitative – also von sich aus messbare – Ziele verfolgen, stellt dies in der Regel kein Problem dar. So können zum Beispiel Umsatz, Gewinn, Besucherzahlen, Verweildauer auf der Veranstaltung, die Anzahl der konsumierten Getränke oder der verkauften T-Shirts am Merchandisestand ohne Schwierigkeiten festgestellt werden.

Bei qualitativen Zielen, wie zum Beispiel der Verbesserung der Veranstaltungsqualität, bestehen grundsätzlich zwei Möglichkeiten. So kann einerseits über entsprechende Hilfszahlen gearbeitet werden, die als Indikatoren (vorab) definiert und dann gemessen werden. Beispielhaft könnte die Verweildauer auf dem Event ein Indikator dafür sein, ob sich die Besucher wohlfühlen. Auch die Auswertung der Social-Media-Aktivitäten der Besucher kann hierrüber Aufschluss geben, sodass eine Messbare Zielsetzung exemplarisch sein kann, dass mindestens 80 % der Social-Media Posts auf Facebook, Twitter und Instagram positiv Botschaften vermitteln.

Weiter besteht die Möglichkeit der direkten Abfrage oder Evaluation der qualitativen Merkmale mittels quantitativer Skalen. So wäre es denkbar, die Besucher direkt auf der Veranstaltung zu befragen, wie Sie die Veranstaltungsqualität, zum Beispiel in Bezug auf das Programm, die Sicherheit, Sauberkeit oder das kulinarische Angebot auf einer vorgegebenen Skala einstufen. Die Quantifizierung der qualitativen Messgrößen erfolgt hierbei durch die Befragten selbst. Während hierdurch in der Praxis grundsätzliche Einsichten erfolgen und ein erster Eindruck gewonnen werden kann, muss aus theoretischer Perspektive unbedingt die Auseinandersetzung mit den Methoden der Datenerhebung und dazugehörigen Feldern und Herausforderungen (zum Beispiel die Verzerrung der Ergebnisse durch unterschiedliche Einflüsse) erfolgen (siehe hierzu zum Beispiel: Raab et al. 2018).

Bei der weiteren Auseinandersetzung mit den beiden aufgezeigten Beispielen ergibt sich folgende – messbare – Konkretisierung:

- Im Rahmen des Messeauftritts auf der ITB 2022 sollen insgesamt 15 Kontakte zu Einkäufern aus dem asiatischen Raum entstehen, welche jährlich mindestens 20.000 € umsetzen.
- Auf dem Festival soll die Zielgruppe der 18- bis 25-jährigen insgesamt 40 % der Gesamtbesucherzahl ausmachen.

A

Im Rahmen der Überlegungen dazu, ob das formulierte Ziel attraktiv ist, spielen vor allem die Mitarbeiter und die am Erfolg maßgeblich beteiligten (internen) Stakeholder eine Rolle. So müssen diese in die Zielformulierung, vor allem in den quantitativen Teil der Zielsetzung miteinbezogen sein. Nur wenn jeder der Standmitarbeiter selbst – und im Optimalfall aus eigenem Antrieb – hinter dem Ziel steht, wird ein entsprechender Einsatz erbracht und entsprechend viele Gespräche geführt werden, um das (persönliche und gemeinsame) Ziel zu erreichen.

So gilt es schließlich im Rahmen der SMARTen Zielformulierung zu überprüfen, ob die Ziele für alle beteiligten attraktiv sind. Hierzu kann es sich – je nach Situation und Projekt – anbieten, die Mitarbeiter in die Zielformulierung und Zielsetzung mit einzubeziehen. Nach dem Motto „Was wollen wir erreichen?" kann so Commitment entstehen und ein größeres Engagement aufseiten der Beteiligten geschaffen werden. Hierbei ist jedoch darauf zu achten, dass die Zielformulierung, wie oben beschrieben (siehe weiter oben in diesem Kapitel) auf die übergeordneten Ziele abgestimmt sein muss und nicht uneingeschränkt eigeninitiativ aus dem Projektteam kommen darf.

In Bezug auf die beiden aufgeführten Veranstaltungen ergeben sich somit unter anderem folgende Implikationen:

- Stehen die Standmitarbeiter hinter dem formulierten Ziel? Sind diese bereit und motiviert ausreichend viele Gespräche zu führen, dass das Ziel der 15 definierten Kontakte (aus dem asiatischen Raum mit 20.000 € Jahresumsatz) erreicht werden kann? Welche Maßnahmen können ergriffen werden, um diese Motivation zu erreichen?
- Haben die Mitarbeiter und Stakeholder des Projekts ein Interesse daran, einen so großen Anteil (40 %) an Besuchern im definierten Alter (18 bis 25 Jahre alt) auf dem Festival zu haben? Was kann im Zweifel getan werden, um die Mitarbeiter und Stakeholder für diese Zielsetzung zu begeistern?

R

Realistisch sind Ziele dann, wenn sie grundsätzlich und mit den vorhandenen Mitteln erreicht werden können. So gilt es zu hinterfragen, ob das formulierte Ziel überhaupt und theoretisch machbar ist und ob es mit den vorhandenen Mitteln in der Praxis auch tatsächlich umsetzbar ist. In diesem Zusammenhang erscheint eine differenzierte und bewusste Unterscheidung mit den beiden Perspektiven – der theoretischen Machbarkeit und der praktischen Umsetzbarkeit – unumgänglich. So ist nicht jedes Ziel, das theoretisch machbar wäre in der Praxis auch tatsächlich umsetzbar.

An einem plakativen Beispiel verdeutlicht, wäre es demnach für ein mittelständisches Unternehmen theoretisch möglich, auf einer Maschinenbaumesse 5000 Leads zu generieren, da der Messeveranstalter angibt, dass 7000 Personen die Messe besuchen. Aus praktischer Perspektive scheint es jedoch recht unrealistisch, dass über zwei Drittel der Messebesucher an den Stand des Unternehmens kommen. Weiter wird die Zielerreichung durch verschiedene Faktoren reglementiert. So muss zum Beispiel der Messestand Platz und Infrastruktur für diese Menge an Besuchern bieten, die Prozesse entsprechend ausgelegt und genügend Standpersonal vorhanden sein. So scheint dieses Ziel zwar theoretisch erreichbar, ist in der Praxis jedoch nicht realistisch.

Ob Ziele realistisch sind, lässt sich im Rahmen von Veranstaltungsprojekten oft aus Vergleichswerten – zum Beispiel von Veranstaltungen aus dem letzten Jahr, vom Wettbewerb oder mittels (Branchen- oder Verbands-)Kennzahlen – ableiten. Eine Prüfung der beiden Beispiele könnte unter anderem folgendermaßen durchgeführt werden:

- Sind die anvisierten Zielgruppen (Einkäufer aus dem asiatischen Markt mit entsprechendem Umsatzvolumen) in ausreichender Quantität auf der Messe vertreten? Ist es realistisch mit der vorhandenen Standinfrastruktur, der Aufmachung des Standes, den verfügbaren Informationsmaterialien und den Mitarbeitern (quantitativ sowie qualitativ) die 15 Leads zu erreichen?
- Ist es realistisch, dass sich 40 % der Festivalbesucher aus der vorgegebenen Altersgruppe (18 bis 25 Jahre alt) rekrutieren? Welche Maßnahmen werden ergriffen und können ergriffen werden, um dies zu erreichen? (Wenn im vergangenen Jahr lediglich 25 % der Festivalbesucher aus dieser Altersgruppe kamen – werden entsprechende Veränderungen [Bands, Rahmenprogramm, Eintrittspreise, Getränkeauswahl, Marketing etc.] vorgenommen, um den angestrebten Anteil von 40 % zu erreichen?)

T

Die Terminierung von Zielen stellt zumindest im operativen Veranstaltungsmanagement keine Herausforderung dar, da entsprechende Rahmenbedingungen in der Regel bereits durch das Veranstaltungsdatum gegeben sind. So müssen die 15 Leads im Rahmen des ITB-Messeauftritts eben dann erreicht werden, wenn die Messe stattfindet (nach aktuellem Stand von 09.03.2022 bis 13.03.2022). Ebenso müssen die entsprechenden Zielgruppen eben dann auf dem Festival präsent sein, wenn dieses stattfindet (im ersten Juni-Wochenende). Bei Bedarf und falls sinnvoll, kann jedoch eine Präzisierung bezüglich der Terminierung erfolgen, sodass zum Beispiel am Freitagabend 40 % der Zielgruppe auf dem Festival vertreten sein sollen, am Samstag 50 % und am Sonntag 30 %.

Im Hinblick auf nicht direkt auf Veranstaltungen bezogene Ziele stellt ein Beispiel die Kontaktaufnahme zu den auf der Veranstaltung erlangten Leads dar. So sollen diese bis zwei Wochen nach der Veranstaltung kontaktiert werden. Die Terminierung ergibt sich hierbei aus (kommunikations-)strategischen Überlegungen im Unternehmen.

SMART

Zusammenfassend lassen sich für die zwei aufgezeigten Beispiele folgende SMARTe Ziele formulieren:

- Im Rahmen des Messeauftritts auf der ITB, vom 09. bis 13.03.2022, sollen insgesamt 15 Kontakte zu Einkäufern aus dem asiatischen Raum entstehen, welche jährlich mindestens 20.000 € umsetzen.
  (Dieses Ziel wurde aus der Unternehmensstrategie abgeleitet und dann mit den Stand- und Vertriebsmitarbeitern gemeinsam festgelegt und wird von diesen als attraktiv eingeschätzt. Außerdem sind die Standinfrastruktur und das Messemarketing so ausgelegt und die Mitarbeiter so gebrieft, dass das Ziel als realistisch einzuschätzen ist.)
- Auf dem Festival am ersten Juni-Wochenende soll die Zielgruppe der 18- bis 25-jährigen insgesamt 40 % der Gesamtbesucherzahl ausmachen.
  (Alle Mitarbeiter und Beteiligten stehen hinter diesem Ziel, da sie sich mit einer bewussten Ausrichtung auf diese Zielgruppe für die „Jugend" der Stadt einsetzen wollen. In diesem Zuge wurden die Musikacts, das Rahmenprogramm, die Kommunikation sowie das F&B-Angebot an diese Zielgruppe angepasst, sodass die Zielerreichung als realistisch einzuschätzen ist.)

Die konsequente Auseinandersetzung mit den Zielen stellt den Grundstein eines professionellen Veranstaltungsmanagements dar und bildet die Grundlage für eine erfolgreiche Veranstaltung. Die SMARTe Zielformulierung bietet hierbei als Tool einen Leitfaden und ein Grundgerüst, wobei – je nach Projekt oder Veranstaltung – weitere Tools und Überlegungen relevant werden können.

Priorisierung von Zielen

An die oben aufgezeigten Überlegungen zu Zielhierarchien kommt auch innerhalb von Projekten der Priorisierung von Zielen eine nicht zu unterschätzende Rolle zu. Dies ist bei Veranstaltungsprojekten vor allem darauf zurück zu führen, dass Managemententscheidungen im operativen Veranstaltungsmanagement in der Regel spontan getroffen werden müssen und demnach einer guten Vorbereitung bedürfen. Exemplarisch sei an dieser Stelle die Situation eines Konzertveranstalters genannt, der am Veranstaltungstag relativ plötzlich vor der Entscheidung steht, noch mehr Besucher in die Location zu lassen (und somit seinen Umsatz durch Eintrittsgelder und Gastronomie zu steigern) oder den Einlass zu stoppen und dadurch eine gute Atmosphäre in der Location zu erreichen, da die Besucher ausreichend Platz und Sitzmöglichkeiten haben. Hier ist der Veranstaltungsmanager gut beraten, diese Situation bereits in seiner Veranstaltungskonzeption gedanklich durchgespielt und seine Ziele entsprechend priorisiert zu haben. So kann er am Tag der Veranstaltung seine Entscheidungen auf Grundlage fundierter Überlegungen so treffen, dass diese möglichst gut zur Gesamt-Zielerreichung beitragen.

Da sich dieses Essential vorrangig mit der Ausrichtung von Veranstaltungen und Veranstaltungskonzepten an den Zielgruppen befasst, sei an dieser Stelle auf weiterführende Literatur verwiesen. Diverse Quellen zum Projektmanagement im Allgemeinen und der Zielsetzung in Projekten bieten hier einen guten und tiefergehenden Einblick zur Zielformulierung, weiteren Methoden und Tools der Zieldefinition und der Priorisierung von Zielen.

2.2 Zielgruppen

Auf die ausführliche und fundierte Auseinandersetzung mit den Zielen der Veranstaltung folgt die tiefergehende Betrachtung der korrespondierenden Zielgruppen. Diese resultieren aus der Zielsetzung – bei SMART definierten Zielen bereits aus den Überlegungen zu „Spezifisch" – und stellen in der Regel den entscheidenden Faktor dahingehend dar, ob die angestrebten und formulierten Ziele überhaupt erreicht werden können. Der Umstand, dass die allermeisten Veranstaltungen ohne Besucher schlicht „keinen Sinn ergeben", unterstreicht hierbei die Relevanz der Auseinandersetzung mit den Zielgruppen.

Lee Iacocca, Top Manager der amerikanischen Automobilindustrie sagt (Forschelen 2017, S. 445):

Es ist wichtig, Menschen in ihrer eigenen Sprache anzusprechen.

Das Ansprechen der Menschen und Zielgruppen in deren eigener Sprache setzt die Auseinandersetzung mit diesen voraus. So ist es unabhängig der Veranstaltung oder des Projekts notwendig zu verstehen, wer angesprochen werden soll. Dabei bezieht sich Sprache auf den gesamten kulturellen Hintergrund, also auch wann und in welcher Form kommuniziert wird.

Im Bereich von Marketing und Kommunikation stehen in diesem Zusammenhang unterschiedliche Tools, Methoden und Herangehensweisen zur Verfügung. Während für eine tiefergehende Auseinandersetzung auf weiterführende Marketing- und Kommunikationsliteratur verwiesen wird (siehe hierzu zum Beispiel: Kotler et al. 2019; Becker 2018; Meffert et al. 2018), wird nachfolgend vor allem auf Überlegungen zur Buyer-Persona eingegangen. Diese eignet sich besonders zu einer initialen, aber tiefgehenden Auseinandersetzung mit den

Zielgruppen und kann entsprechend eingesetzt werden, um Veranstaltungen ziel-
gruppenorientiert zu konzeptionieren und umzusetzen.

Zielgruppen stellen in der Regel einen Ausschnitt der Grundgesamtheit
dar. Dieser Ausschnitt kann anhand verschiedener Charakteristika eingegrenzt
werden. Typische Merkmale, die zur Definition von Zielgruppen herangezogen
werden sind zum Beispiel:

- Soziodemografische Eigenschaften:
  Alter, Geschlecht, Herkunft, Bildung, Einkommen, Arbeitssituation, Interessen
  etc.
- Stellung oder Position im Unternehmen:
  Geschäftsführer, Einkäufer, Entscheider, nach Höhe der Budgetbefugnis etc.
- Art der Kundenbeziehung:
  Neukunde, Bestandskunde, A-, B- oder C-Kunde etc.

Anhand dieser Merkmale können schließlich die Zielgruppen oder die Zielgruppe definiert werden. Hierbei werden – abgeleitet aus der Zielsetzung, welche
wiederum in die Unternehmensziele einzahlt – entsprechende Merkmalsaus-
prägungen festgelegt. Je genauer schließlich die Zielgruppe/Zielgruppen durch
Eingrenzung festgelegt werden können, desto geringer sind schließlich die Streu-
verluste, da Maßnahmen (oder Veranstaltungen) umso genauer auf diese Zielgruppen angepasst werden können. Fiktiv können Zielgruppen zu den bereits
aufgezeigten Beispielcases wie folgt beschrieben werden (Tab. 2.2):

Tab. 2.2 Beschreibung von Zielgruppen

	Zielgruppe: Messeteilnahme ITB	Zielgruppe: Kommunales Festival
Alter	–/–	18–25
Herkunft	Unternehmen mit Sitz in Asien	Aus der Kommune oder dem Umkreis von 20 km
Position im Unternehmen	Entscheider oder Beein-flussender im Entscheidungs-prozess (für Entscheidungen mit Budget >20 T€)	–/–
Art der Kundenbeziehung	Neukunde	–/–
Interessen	–/–	Musik, Kultur

Die Beschreibung von Zielgruppen grenzt schließlich den anzusprechenden Personenkreis dadurch ein, dass nur Personen mit bestimmten Merkmalen adressiert werden (sollen), da Personen, die entsprechende Merkmale nicht erfüllen, in Bezug auf die Zielsetzung nicht (primär) relevant sind. Die Personen, die die durch die Definition der Zielgruppen eingegrenzt sind, gehören einer weiterhin heterogenen Gruppe an. Sie sind nach wie vor „anonym" oder – bildlich gesprochen – gesichtslos.

Im Rahmen der Auseinandersetzung mit der Buyer-Persona (auch Persona Modell oder Persona Methode) wird versucht, diese Anonymität abzubauen und einer für die Zielgruppe typischen Person ein Gesicht zu geben. Ziel hiervon ist es, diese typische Person besser zu verstehen, um im späteren Verlauf auf deren Bedürfnisse, Anforderungen, Wünsche, Bedarfe und Ziele einzugehen.

Zur Erstellung der Buyer-Persona empfiehlt es sich – falls vorhanden – auf Bestandskundendaten aus der Marktforschung zurückzugreifen. So muss im Bereich der Veranstaltungskonzeption die Auseinandersetzung mit den bisherigen Veranstaltungsbesuchern erfolgen. In den Beispielen jeweils mit den Besuchern der ITB in den vergangenen Jahren (eigene Daten aus dem Leadmanagement, Veranstalter-, FKM-, Verbandsdaten etc.) oder den Festival- und Konzertbesuchern vergangener Veranstaltungen. Aus diesen Daten kann schließlich ein typischer Besucher erstellt werden, wobei darauf zu achten ist, dass seine Beschreibung die zentralen und vor allem relevanten Eigenschaften enthält. Während für den Besucher am Messestand sicherlich irrelevant ist, welche Musik dieser hört, spielt dies für den Festivalbesucher eine entscheidende Rolle. Dementsprechend ist es für die Auseinandersetzung mit dem Festivalbesucher eher uninteressant, welche Entscheidungsbefugnisse diesem im Rahmen seiner Berufstätigkeit obliegen, während dies für den Messestandbesucher ein essentielles Merkmal darstellt[1]. Für die beiden aufgezeigten Beispielcases können jeweils fiktive Persona wie folgt aussehen (Tab. 2.3 und 2.4):

Die beiden Beispiele zeigen unter anderem auf, wie eine inhaltliche Fokussierung auf die – für die Fragestellung oder Veranstaltung – jeweils

---

[1]Im Internet können zahlreiche Templates, Vorlagen und Fragenkataloge zur Erstellung von Buyer-Personas gefunden werden. Bei deren Verwendung muss ein besonderes Augenmerk auf die jeweiligen Inhalte gelegt und hinterfragt werden, inwiefern abgefragte Inhalte (welches Haustier hat die Persona, welche Musik hört sie, welchen Schauspieler findet sie gut etc.) im jeweiligen Kontext relevant sind. Zudem müssen etwaige relevante Inhalte hinzugefügt werden, die im jeweiligen Kontext (in Bezug auf die jeweilige Veranstaltung) relevant sind oder relevant sein können.

Tab. 2.3 ITB Case: Buyer-Persona

Lee Wang		[a]
Demografie	Arbeitet und wohnt in Peking Ist 34 Jahre alt Ist verheiratet und hat 2 Kinder	
		[b]
Hintergrund	Arbeitet als interner Travel-Agent in einem IT-Konzern und ver-antwortet dort die Kooperationen mit Hotels in Europa Seine Abteilung nimmt Buchungen für Europareisen aller Mit-arbeiter vor Hat Tourismusmanagement studiert und arbeitet seit 10 Jahren für das Unternehmen und deren Abteilungen für Reiseplanung Kennt unzählige Destinationen weltweit und ist Experte auf seinem Gebiet	
Verhalten	Verhält sich durchgängig professionell und ist sehr zurückhaltend Legt sehr viel Wert auf Etikette und Business Behavior Spricht verhandlungssicheres Englisch und 5 weitere Sprachen im Ansatz Hat umfangreiche Entscheidungsbefugnis und kann selbstständig Kooperationen mit Hotels abschließen	
Herausforderungen	Hat immer einen vollen Kalender und ein volles Postfach Ist persönlich schwer zu erreichen Trifft Entscheidungen eher rational	
Ziele & Motivation	Sucht bestmögliche Kooperationspartner für sein Unternehmen Erhält erfolgsabhängige Benefits	

[a]Abbildung: Portrait Lee Wang
[b]Bildquelle Buyer-Persona ITB Case: pexels.com – mentatdgt

relevanten Punkte und Eigenschaften erfolgen kann. Durch das Erstellen unterschiedlicher, typischer Persona kann die bis dato eher anonyme und unspezifische Zielgruppe dadurch greifbar gemacht werden, dass dieser ein Gesicht

Tab. 2.4 Festival Case: Buyer-Persona

Bettina Beispiel	[a]
Demografie	Wohnt in Karlsruhe Studiert Sozialwissen- schaften Ist 22 Jahre alt Ist ledig und aktuell Single
	[b]
Hintergrund	Kommt ursprünglich aus Freiburg und ist vor 2 Jahren für das Studium nach Karlsruhe gezogen Hat zahlreiche Freunde und Bekannte, hauptsächlich aus dem Hochschulkontext Arbeitet mehrmals wöchentlich am Abend als Servicekraft in einer Bar Spielt selbst Gitarre, großteils aus der Richtung „Singer Song-writer" Hört Musik im Alltag, meistens Radio und Pop-Musik
Verhalten	Genießt ihre Studienzeit und insgesamt die Zeit in Karlsruhe Lernt hauptsächlich in den Prüfungsphasen und kommt sonst mit ihrem Studium recht gut zurecht
Herausforderungen	Karlsruhe bietet für sie viele attraktive Angebote zur Freizeit-gestaltung Ist am Wochenende viel außerhalb Karlsruhes unterwegs, in der Heimat oder bei Familie und Freunden in ganz Deutschland
Ziele & Motivation	Möchte ein gute Zeit in Karlsruhe erleben und ihr Studium gut abschließen

[a]Abbildung: Portrait Bettina Beispiel
[b]Bildquelle Buyer-Persona Festival Case: pexels.com – Andrea Piacquadio

gegeben wird und sie mit konkreten und persönlichen Merkmalen ausgestaltet und beschrieben wird.

Der bis hierhin nun recht konkrete Eindruck zu den Personen kann im Rahmen der kreativen Veranstaltungskonzeption abschließend visualisiert werden. Um den Eindruck der bisher überwiegend verbal skizzierten Persona auch grafisch aufzuzeigen, können verschiedene Tools und Methoden angewandt werden. Eines, welches mit überschaubarem Aufwand umzusetzen ist, stellt das sogenannte Moodboard (auch Consumer Moodboard) dar. So werden Bilder gesammelt, die die Person bestmöglich charakterisieren und visuell beschreiben. Die zu beantwortenden Fragen sowie die Bereiche, aus welchen die Bilder ausgewählt werden, sind hierbei wieder der grundsätzlichen Aufgabenstellung und dem damit verbundenen Erkenntnisinteresse anzupassen. Typische Bilder zu korrespondierenden Fragestellungen können zum Beispiel sein:

- Wie sieht die zu betrachtende Person aus?
- Welchen Style hat sie? (Kleidung, Marken, Accessoires etc.)
- Wie gestaltet sie ihren Alltag? (Arbeitsumfeld, Aufgaben, Themen, Kollegen etc.)
- Wie gestaltet sie ihre Freizeit? (Hobbys, Freizeitaktivitäten, Familie etc.)
- Auf was legt die Person wert? (Statussymbole etc.)
- Welche Werte sind ihr wichtig? (Nachhaltigkeit, Gesundheit etc.)
- Wie sieht das soziale Umfeld aus? (Familie, Freunde etc.)

Diese Fragestellungen können um weitere, für die jeweilige Veranstaltungskonzeption relevante Themen, ergänzt werden, wobei schließlich ein großes – digitales (z. B. mit entsprechenden Templates, Webtools oder Apps) oder analoges (z. B. auf Karton oder an Pinnwand oder Whiteboard) – Bild entsteht, welches die Personen bestmöglich beschreibt. Dieses Bild soll inspirieren und stellt letztlich die Grundlage zur tiefgehenden Auseinandersetzung mit der Zielgruppe und deren Erwartungen, Bedarfen, Wünschen und Zielen dar.

2.3   Zielgruppenziele

Der Begriff der Zielgruppenziele kombiniert zwei Aspekte miteinander. So ist ein Bestandteil der terminologischen Betrachtung die Zielgruppe, wobei diese – wie oben beschrieben (siehe Abschn. 1.3: Grundlegende Terminologie) – unter anderem sämtliche Besucher, Gäste oder Rezipienten einer Veranstaltung mit einbezieht. Die Verwendung des Begriffs der Ziele muss ebenfalls pragmatisch verstanden werden und schließt neben den tatsächlichen Zielen auch sämtliche Erwartungen, Wünsche, Bedürfnisse, Interessen und Anforderungen mit ein. So subsummiert der Term der Zielgruppenziele schließlich alle Ziele (Wünsche, Erwartungen etc.) der korrespondierenden Zielgruppen (Gäste, Besucher,

Rezipienten etc.). Im Rahmen der Veranstaltungskonzeption und des Veranstaltungsmanagement wird schließlich hinterfragt:

Was will die Zielgruppe?

Die Auseinandersetzung mit dieser Fragestellung kann für den Erfolg einer Veranstaltung insgesamt so herausfordernd wie erfolgsentscheidend sein. So fordert sie einerseits eine fundierte Definition und Formulierung der Veranstaltungsziele und weiterhin die tiefgehende Betrachtung und Analyse der Zielgruppen als Grundlage für die Zielgruppenziele. Andererseits sind diese deshalb relevant, da die Zielgruppen die Veranstaltung nur dann besuchen werden, wenn ihre jeweils hochspezifischen Ziele dort erreicht werden können. Im Umkehrschluss heißt dies:

Erfüllt die Veranstaltung die Ziele der Zielgruppen nicht, werden diese die Veranstaltung nicht besuchen. Dies bedeutet wiederum, dass die Veranstaltung keine Besucher hat und somit die Ziele des Veranstalters in der Regel nicht erreicht werden können.

Im Rahmen des Cases zur ITB bietet sich ein Blick zu potenziellen Zielen von Besuchern auf Fachmessen an. Der Verband der deutschen Messewirtschaft fasst in diesem Zusammenhang unter anderem folgende mögliche Zielgruppenziele zusammen (AUMA 2019, S. 22):

- Neue Produkte und Anwendungsmöglichkeiten sehen
- Preise und Konditionen vergleichen
- Suche nach bestimmten Produkten oder Leistungen
- Anregungen für die eigene Produkt- und Sortimentsgestaltung
- Kontakte knüpfen und pflegen
- Trends erkennen
- Marktüberblick auch über benachbarte Fachbereiche verschaffen
- Teilnahme am Rahmenprogramm
- Information über Lösungen zu anstehenden Problemen
- Persönliche Weiterbildung
- Aufträge erteilen, Vertragsabschlüsse

Auf Grundlage der über die Zielgruppen gewonnenen und zusammengetragenen Erkenntnisse muss nun hinterfragt werden, welche Besucher des Messestandes welche Ziele erfolgen. Hierbei ergibt sich in der Regel nicht eine Antwort, sondern ein Bündel aus Möglichkeiten und Zielgruppenzielen. Im Rahmen der Konzeption des Messestandes sowie in der operativen Umsetzung der Messestrategie am Stand müssen diese Zielgruppenziele beachtet werden und Maßnahmen dahingehend getroffen werden, dass die Zielgruppenziele erfüllt werden.

Wenn also die Ziele von Lee Wang am Messestand nicht erfüllt werden, wird er diesen nicht besuchen oder zumindest schnell wieder verlassen. Zusammenfassend lässt sich dies in der weitverbreiteten Marketingweisheit festhalten:

Der Köder muss dem Fisch schmecken, nicht dem Angler.

Analoge Überlegungen müssen für den aufgezeigten Festival-Case erfolgen. So muss vom Veranstalter hinterfragt werden, welche Erwartungen und Ansprüche Bettina Beispiel an ihren Festivalbesuch hat. Einige beispielhafte Fragestellungen sind hierbei:

- Was steht für sie bei dem Festivalbesuch im Vordergrund?
  (Musik, die Unternehmung mit Freunden, das besondere Erlebnis etc.)
- Welche Art von Musik bevorzugt sie?
- An welchen Tagen würde sie das Festival besuchen?
- Welche Art gastronomischer Angebote erwartet sie?
- Ist sie bereit für das Festival zu bezahlen und falls ja, welche Zahlungsbereitschaft hat sie?
- Welche Art von Anreise bevorzugt sie und wie gut ist das Festivalgelände auf diese Art zu erreichen?
- Auf welchen Wegen und Medien möchte Sie vom Festival erfahren und über dieses informiert werden?

Zur Beantwortung dieser und weiterer relevanter Fragen empfiehlt sich die direkte Auseinandersetzung mit den Zielgruppen. Dies kann zum Beispiel über Erfahrungen und Feedback aus vorangegangenen Veranstaltungen, über die Auswertung bereits erhobener Daten und/oder die direkte Befragung potenzieller Veranstaltungsbesucher erfolgen. So können die Zielgruppenziele ermittelt und das Konzept auf diese angepasst werden.

2.4 Modell der Zielgruppenziele

In der Zusammenfassung der bisherigen Überlegungen zu Zielen (siehe Abschn. 2.1: Ziele und Zielsetzung), Zielgruppen (siehe Abschn. 2.2: Zielgruppen) und Zielgruppenzielen (siehe Abschn. 2.3: Zielgruppenziele) wird deren enger Zusammenhang sichtbar und deutlich, dass diese stringent aufeinander aufbauen. So lassen sich Zielgruppen nur aus konkreten Zielen ableiten und die

Abb. 2.1 Prozess und Kernfragen zum Modell der Zielgruppenziele

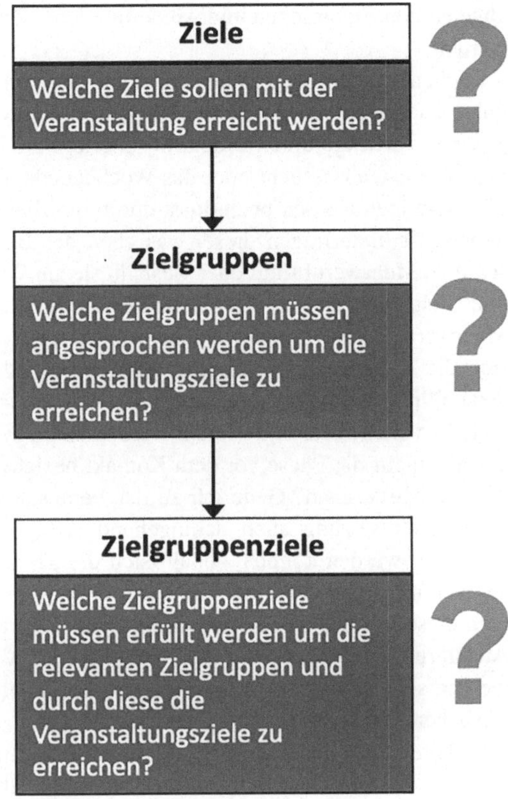

Auseinandersetzung mit Zielgruppenzeilen kann nur dann erfolgen, wenn die Zielgruppen bekannt und hinreichend definiert sind.

Im Rahmen der modellbasierten Überlegung zu Zielgruppenzielen kann dementsprechend die nachfolgend visualisierte Logik festgehalten werden (Abb. 2.1). Diese zeigt einerseits den inhaltlichen Zusammenhang der Themenfelder und kann andererseits als Prozess der zu bearbeitenden Fragestellungen zu Zielgruppenzielen verstanden werden.

Die an diversen Stellen angedeutete Relevanz dieser Überlegungen wird im nachfolgend aufgezeigten Modell der Zielgruppenziele verdeutlicht. So sagt dieses aus, dass die Veranstalter- oder Veranstaltungsziele nur dann erreicht werden können, wenn die dargestellten Überlegungen zu Zielen, den daraus abgeleiteten Zielgruppen und wiederum deren Zielgruppenzielen operationalisiert werden.

Neben weiteren Argumenten kann dies im Bereich von Veranstaltungen unter anderem auf die Notwendigkeit der physischen Anwesenheit der Zielgruppen zurückgeführt werden. So überlegt die Zielgruppe, ob sie zum Beispiel den Messestand besucht oder das Wochenende auf dem Festival verbringt. Diese Überlegungen werden beeinflusst durch die Ziele der Zielgruppen. Bewusst oder unbewusst hinterfragen diese, was eben der Besuch auf gerade diesem Messestand an Mehrwert bringt oder weshalb sie am Wochenende das Festival besuchen und nicht eine andere Option der Freizeitgestaltung wählen sollen. Wird kein Mehrwert geschaffen oder erscheint eine andere Option attraktiver, entscheiden sich die Zielgruppen gegen den Messestand oder das Festival, was schließlich dazu führt, dass die Zielsetzung des Ausstellers oder Veranstalters nicht oder nicht in vollem Umfang erreicht werden kann. Während sich diese Überlegungen vor allem auf die Phase vor dem Kontakt beziehen (Frage der Besucher: Besuche ich den Messestand?/Gehe ich zu der Veranstaltung?) muss eine weiterführende Auseinandersetzung auch dahingehend erfolgen, welche Zielgruppenziele wie befriedigt werden können, sobald sich die Zielgruppe auf dem Messestand oder der Veranstaltung befindet. Aus Zielgruppensicht stellt sich hier die Frage, weshalb diese auf dem Messestand oder dem Festival verweilen soll. Analog zu den Ausführungen, ob der Messestand oder die Veranstaltung überhaupt besucht werden soll, ist auch in diesem Fall neben anderen Argumenten relevant, ob der Besucher einen Nutzen wahrnimmt.

Während also im Voraus vor allem die Erwartungen der Zielgruppen adressiert werden, müssen diese bei der Veranstaltung selbst auch erfüllt werden. Ist dies nicht der Fall werden die Zielgruppen in aller Regel die Veranstaltung nicht besuchen oder gegebenenfalls zügig wieder verlassen. Dies wiederum führt zu dem Resultat, dass Veranstaltungs- oder Veranstalterziele aufgrund der Abwesenheit der Zielgruppen schließlich nicht erreicht werden.

Die aufgezeigten Erläuterungen werden im nachfolgenden Modell der Zielgruppenziele dargestellt (Abb. 2.2). So stellen konsequent aufeinander aufbauende Überlegungen zu Zielen, Zielgruppen und Zielgruppenzielen sowie deren entsprechende Umsetzung schließlich die notwendige Bedingung für die Zielerreichung bei Veranstaltungen dar.

Im Rahmen des ITB Cases heißt dies schließlich, dass die formulierte Zielsetzung der 15 Kontakte aus dem asiatischen Raum nur dann erreicht werden kann, wenn entsprechende Zielgruppen den Messestand besuchen. Dem mittels Persona-Modell exemplarisch entwickelten Besucher Lee Wang muss demnach

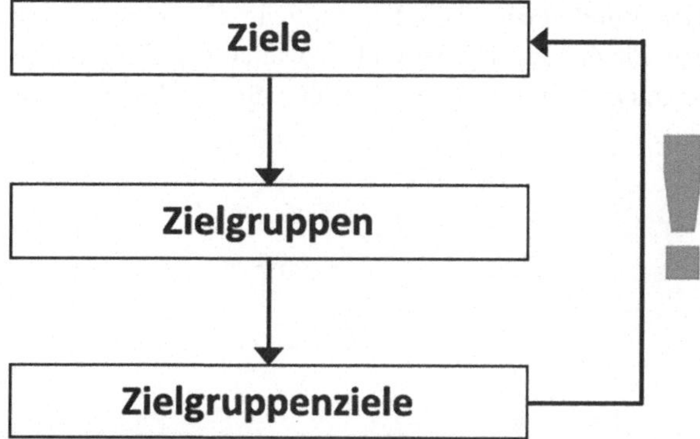

Abb. 2.2 Modell der Zielgruppenziele

ein Anreiz gegeben werden auf den Messestand zu kommen. Dies kann zum Beispiel durch eine für ihn ansprechende Standgestaltung, ein seinen Wünschen entsprechendes Catering und/oder durch für seine Fragestellung aufbereitete Inhalte geschehen. Weiterhin muss dann seine Zielesetzung bedient werden, wenn er sich auf dem Messestand befindet. Dies kann wiederum durch messebauliche und gastfreundliche Argumente geschehen, wobei vor allem im Business-Kontext Inhalte und Informationen überzeugen. So müssen seine Fragen entsprechend beantwortet und ihm die für ihn relevanten Informationen vermittelt werden. Nur wenn dies gelingt, wird Lee Wang schließlich auf dem Messestand verweilen und im Optimalfall (entweder vor Ort oder im Nachgang) entsprechende Geschäfte initiieren.

Analog können diese Überlegungen auf das Festival angewandt werden. So muss Bettina Beispiel im Vorfeld den Eindruck haben, dass es sich für sie persönlich lohnt, das Festival zu besuchen. Dies kann unter anderem dadurch geschehen, dass ihre Lieblingsband im Line-up vertreten ist, ihre Freunde und ihr soziales Umfeld auf das Festival gehen und sie sich ihnen anschließt oder da sie das kulinarische Angebot genießen möchte. So wird Bettina Beispiel das Festival eben dann besuchen, wenn sie das Gefühl hat ihre individuellen Ziele zu erreichen. Dies wiederum ist aus Veranstaltersicht deshalb notwendig, da die gesetzten Veranstaltungsziele nur dann erreicht werden, wenn Bettina Beispiel und die durch sie repräsentierte Zielgruppe auf der Veranstaltung ist.

Sowohl aus theoretischer als auch aus praktischer Perspektive müssen weitere Faktoren herangezogen und beachtet werden, um eine erfolgreiche Veranstaltung zu konzeptionieren und umzusetzen. Die explizite Zielgruppenorientierung bildet jedoch die Basis für das Erscheinen und Verweilen der Zielgruppen auf der Veranstaltung und muss demnach als Grundstein für den Veranstaltungserfolg verstanden werden.

Case Studie

Dieses Kapitel zeigt anhand von vier Beispielcases aus verschiedenen Bereichen, wie die aufgezeigten theoretischen Überlegungen in der Veranstaltungspraxis Anwendung finden können. An dieser Stelle sei angemerkt, dass die Autoren in die Organisation der jeweiligen Veranstaltungen nicht involviert waren. Trotz diesen „Blickes von außen" ist in den ausgewählten Cases eine deutliche und stringente Ausrichtung der Veranstaltungskonzeption an den Zielgruppen und Zielgruppenzielen zu erkennen, was die Relevanz der Thematik weiter unterstreicht.

In der nachfolgenden Auseinandersetzung mit den Cases werden diese jeweils einführend vorgestellt, bevor im Detail auf entsprechende Überlegungen zu Zielen, Zielgruppen und Zielgruppenzielen eingegangen wird. Jeder Case schließt mit einer visuellen Darstellung der Überlegungen im Rahmen des oben eingeführten Modells der Zielgruppenziele.

3.1 Zielgruppenorientierte Ticketpreis-Gestaltung

Als im Jahr 2013 die Besteuerung von Theateraufführungen in Spanien von 8 % auf 21 % erhöht wird stehen zahlreiche Veranstalter, Locationbetreiber und Dienstleister der Branche vor einer großen Herausforderung. So bleibt vielerorts nichts anderes übrig, als die durch die Steuererhöhung fehlenden finanziellen Mittel letzten Endes durch eine Erhöhung von Eintrittspreisen zu kompensieren. Während Veranstaltungen hierdurch teurer werden, stellt die Angebotsvielfalt, welche den Zielgruppen zu deren Freizeitgestaltung zur Verfügung steht, eine weitere Herausforderung dar. Unter anderem für Theater stellt sich somit die Frage, was getan werden kann, um die Zielgruppen zu erreichen und dazu zu bewegen die Aufführungen zu besuchen. So besteht potenziell die Gefahr in eine Abwärtsspirale zu driften: Höhere Abgaben – führen zu höheren Eintrittspreisen – führen zu einem Rückgang an Besuchern – führen zu der Notwendigkeit Eintrittspreise weiter zu erhöhen um Kosten decken zu können – führt zu höheren Eintrittspreisen – führt zu einem Rückgang an Besuchern – und so weiter.

Das „Teatreneu" in Barcelona erkennt diese Problematik und die große Relevanz der Besucher für ihre Existenz. Mit der Zielsetzung höhere Einnahmen und entsprechende Gewinne zu erwirtschaften wird schließlich ein Konzept entwickelt, mit welchem es gelingen soll, Besucherzahlen und Gewinne zu steigern.

Aufbauend auf strategischen und konkreten Überlegungen zur Zielsetzung (Steigerung von Umsatz und Gewinn) erfolgt die bewusste Auseinandersetzung mit den Zielgruppen und deren Zielgruppenzielen. Im Rahmen der Betrachtung einer Comedy-Show ergibt sich schließlich, dass die Zielgruppen diese besuchen, um Spaß zu haben und zu lachen (Zielgruppenziel). Hierfür ist die Zielgruppe schließlich auch bereit entsprechende Eintrittsgelder zu bezahlen.

Auf diesen Gedankengang aufbauend stattet das Theater alle Sitzplätze mit einem Gesichtserkennungssystem aus, welches für jeden Besucher registriert, wie oft dieser während der Aufführung lacht. Jedes Lachen wir schließlich mit 30 Cent berechnet, wobei pro Show eine Preisobergrenze eingeführt wird. Die Abrechnung erfolgt nach Ende der Show, bei Verlassen des Theaters, wobei für zum Beispiel 60 erkannte „Lacher" ein Ticketpreis von 18 € berechnet wird.

So gelingt es dem Theater durch die Strategie eines höchstindividuellen, besucherorientierten Preis-Leistungsverhältnisses seinen Ticketpreis – im Vergleich zum regulären Preis – um rund sechs Euro pro verkauftem Ticket zu steigern. Durch die mediale Aufmerksamkeit, die das System generiert, wird zudem ein Besucheranstieg von über 30 % erzielt.

Die konsequente Ausrichtung des Geschäftsmodells und des Veranstaltungskonzeptes an den relevanten Zielgruppen führt schließlich dazu, dass die Ziele des Theaters/des Veranstalters erreicht werden können.

Nachfolgende Abb. 3.1 fasst den dargestellten Case im Rahmen des Modells der Zielgruppenziele grafisch zusammen. Weiterführende Informationen zum Case können im Internet gefunden werden[1].

---

[1]Pay per Laugh, teatreneu.

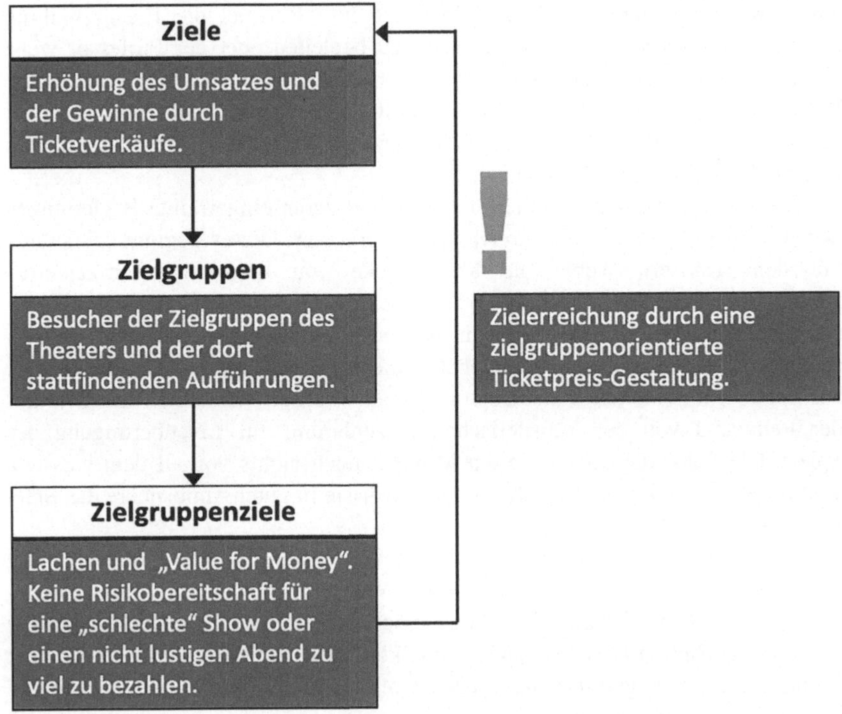

Abb. 3.1   Case 1 im Modell der Zielgruppenziele

3.2   Zielgruppenziele bewusst nicht berücksichtigen – vorerst

Im Rahmen des UEFA Champions League Spiels Real Madrid gegen AC Milan am 21. Oktober 2009 führt eine weltweit bekannt Biermarke eine genauso kreative wie strategisch durchdachte Werbeaktion durch. Im Zentrum stehen die Fans des AC Milan, welche einen Teil der Zielgruppe repräsentieren und durch die emotionale und für viele Fußballfans nachvollziehbare Aktion Reichweite erzielen und Aufsehen erregen sollen.

Im Vorfeld des Spiels erfolgt das Briefing von rund 200 Personen, die in Beziehung zu AC Milan Fans stehen. Partnerinnen, Freunde, Chefs oder Professoren der Fans werden involviert, um diese am Abend des Spiels zu einem Klassikkonzert einzuladen. So bittet zum Beispiel die Freundin ihren Freund sie zu diesem wichtigen Konzert zu begleiten oder der Professor weist seine Studierenden an, das Konzert im Rahmen des Studiums zu besuchen. Die Reaktionen fallen bei allen Fans nicht positiv und wenig begeistert aus, wobei schließlich über 1000 Fans bereit sind an diesem Tag auf das Spiel zu verzichten und das Klassikkonzert zu besuchen.

Am Abend des Spiels betreten die Fans und deren eingeweihte Begleitungen den Konzertsaal, wo sie ein Streichquartett erwartet. Dieses beginnt schließlich mit dem Konzert, wobei die Musikstücke von künstlerisch inszenierten Animationen und Visualisierungen auf einer im Hintergrund hängenden Leinwand begleitet werden. So vergehen die ersten Minuten und die ersten Musikstücke, bis das Quartett nach einiger Zeit die UEFA Champions League Hymne anstimmt. Mit visuellen Statements untermalt wechselt schließlich das Bild auf der Leinwand von der künstlerischen Inszenierung zur Liveübertragung des Spiels. Die Fans, die bis zu diesem Moment noch nichts von all dem wussten, sind begeistert und brechen in Jubel aus, bevor sie in guter Atmosphäre das Spiel schauen.

Durch eine professionelle mediale Aufbereitung, unter anderem mit Live-Schaltung aus dem Konzertsaal, Mediankooperationen oder Social-Media Content, wird durch die Aktion eine enorme Reichweite erzielt und die initiierende Biermarke emotional vermarktet. Die Strategie im Live-Kontext Emotionen zu erzeugen und diese dann durch klassische und digitale Medien zu verbreiten geht schließlich auf.

Während weitere Informationen zum Case online gefunden werden können[2], soll an dieser Stelle vor allem die Relevanz der Zielgruppen näher beleuchtet werden. So setzt diese Aktion die bewusste Auseinandersetzung mit den anzusprechenden Zielgruppen voraus und erfordert es zu hinterfragen, was diese bewegt. Nur so kann schließlich ein Konzept entstehen, welches direkt die Zielgruppenziele adressiert und diese vor allem dazu nutzt, Emotionen zu erzeugen. Die Verweigerung des Wunsches, ein für die Fans so wichtiges Spiel verfolgen zu können, löst hierbei selbst bei Fans anderer Mannschaften höchste Gefühle aus. An der Stelle, an welcher die Situation aufgelöst wird und die Zielgruppenziele schließlich erfüllt oder (durch die Übertragung auf Großleinwand und die entsprechende Atmosphäre) sogar übertroffen werden, entstehen auch bei

---

[2]Heineken, Real Madrid – AC Milan.

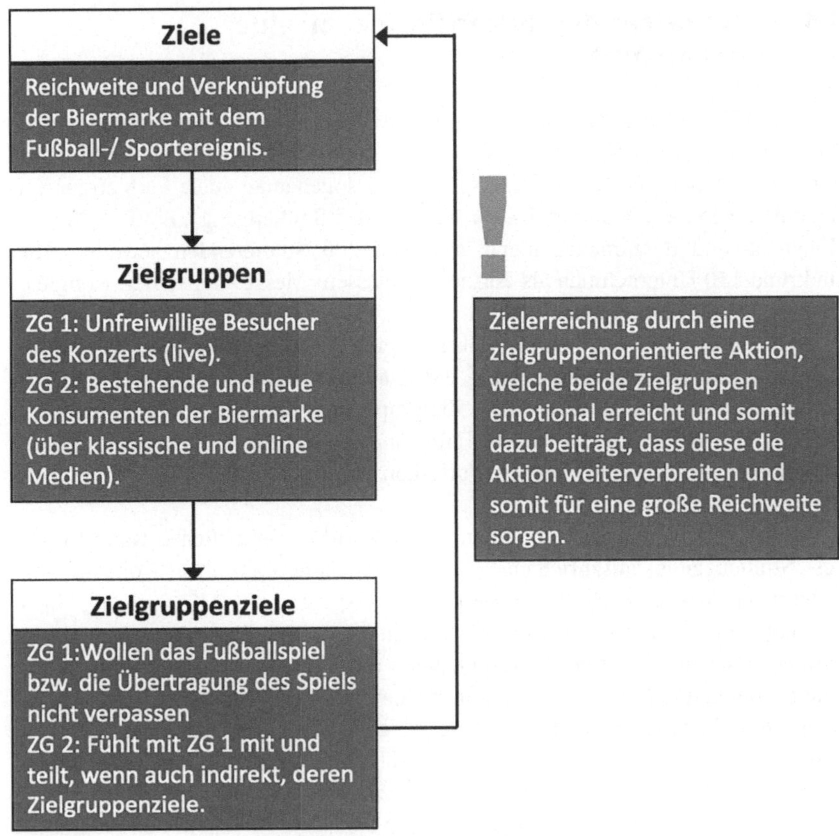

Abb. 3.2 Case 2 im Modell der Zielgruppenziele

den Zuschauern an TV, über Social-Media oder Medienberichterstattung entsprechende Emotionen.

Die bewusste und strategische Auseinandersetzung mit den Zielgruppen (sowohl die Personen vor Ort [ZG 1] als auch die, die über die unterschiedlichen Medienkanäle erreicht werden sollen [ZG 2]) und deren Zielgruppenzielen, stellt schließlich das entscheidende Erfolgskriterium dieser Live-Kommunikationsmaßnahme dar. Nachfolgende Abb. 3.2 fasst diese Überlegungen im Rahmen des Modells der Zielgruppenziele zusammen.

3.3   Konferenz der dualen Partner an einer Hochschule

Die DHBW (Duale Hochschule) ist die größte staatliche Hochschule in Baden-Württemberg. Eine Besonderheit des dualen Studiums ist die Kooperation mit Unternehmen, die für die Praxisphasen als sogenannte duale Partner zur Verfügung stehen. Am Standort Ravensburg ist der Studiengang „BWL – Messe-, Kongress- und Eventmanagement" mit rund 300 Studierenden vertreten. Hier sind rund 150 Unternehmen als Partner zugelassen: Messeveranstalter, Kongresszentren, Eventagenturen etc.

Der Studiengang veranstaltet jährlich eine Konferenz der dualen Partner, lädt für einen Tag nach Ravensburg ein. Durch die bundesweite Verteilung der Partnerunternehmen ist eine klare Zielgruppenorientierung der Schlüssel zur Gewinnung von möglichst vielen Teilnehmern. Dedizierte Ziele, eine auf die Zielgruppe abgestimmte Veranstaltungskonzeption mit Berücksichtigung der Zielgruppenziele!

Falsch wäre der Ansatz, eine Agenda primär auf die inhaltlichen Kompetenzen des Studiengangs auszurichten – also branchenspezifischer Content: Veränderungen bei den Eventformaten, Hybridisierung von Kongressen, Internationalisierung im Messewesen etc. Wichtig aus der Perspektive der dualen Partner, aber nicht deren Repräsentanten, die sich um die Kooperation und damit Fragen rund um das Studium kümmern. Die Teilnehmer sind, das ist so gewollt, insbesondere Mitarbeiterinnen und Mitarbeiter aus dem HR- bzw. Personal-Bereich. Sie werden intern als Ausbildungsverantwortliche bezeichnet.

Um nun Resonanz (gleich Teilnahme!) zu erzeugen und auch Vertreter von Unternehmen aus weiter entfernten Regionen als Gäste zu bekommen müssen die Konferenz-Inhalte auf deren Erwartungen, Bedürfnisse und Anforderungen ausgerichtet sein. Dazu zählen etwa Themen wie die Gewinnung neuer Studenten, die Auswahl aus eingegangenen Bewerbungen, curriculare und prüfungsrechtliche Veränderungen, Möglichkeiten zur Weiterqualifizierung nach dem Studium und die Verzahnung von Lehrinhalten mit den jeweiligen Praxisphasen. Hinzu kommt die Vorort-Präsentation von relevanten Hochschul-Einrichtungen wie etwa der Bibliothek oder den für wissenschaftliche Arbeiten nutzbaren Laboren.

Der von der Studiengangsleitung gewünschte Diskurs mit den dualen Partnern orientiert sich folglich insbesondere an der Gruppe der Personalverantwortlichen – nicht am Kreativdirektor, nicht an der Messeleiterin, nicht an den Marketingspezialisten. „What is in for me" umreißt die Frage, die sich

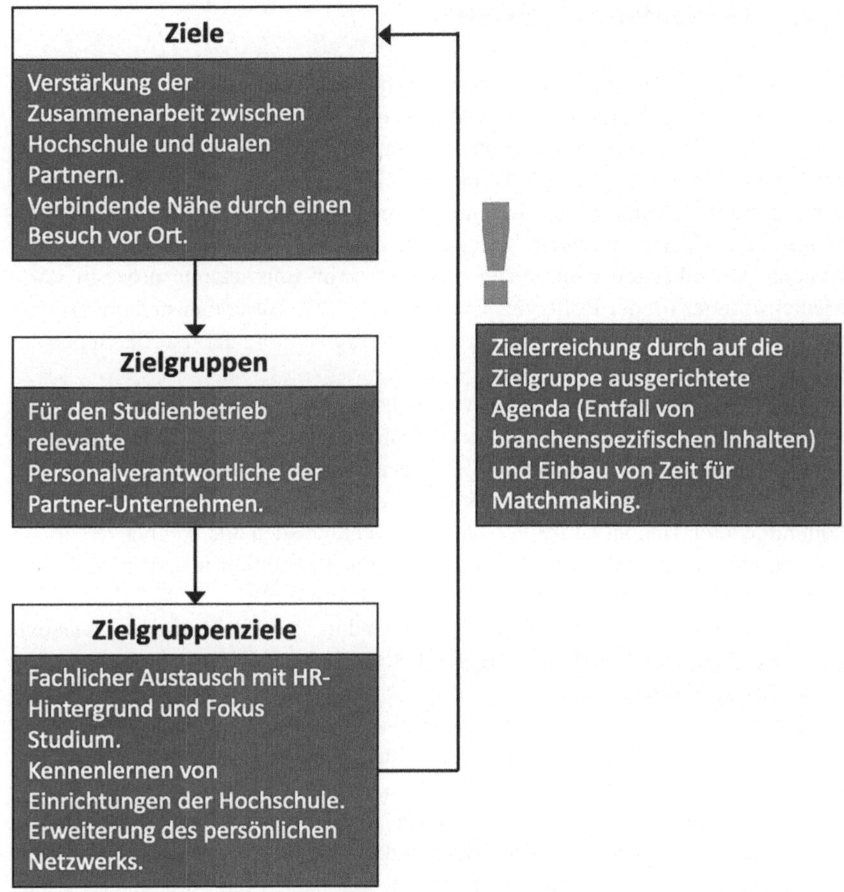

Abb. 3.3   Case 3 im Modell der Zielgruppenziele

potenzielle Teilnehmer an der Konferenz dann stellen, wenn sie die Einladung erhalten. Konzentriert auf die speziellen Ziele ist das eine produktpolitische Ausprägung mit Zielgruppenfokus. Die Zahl der Teilnehmer und deren in Teilen weite Anreise ist Indiz dafür, dass sich Zielgruppenerwartung und Agenda der Konferenz decken (mehr zu Zielsetzung u. a. in Graf und Luppold 2018, S. 61 ff.) (Abb. 3.3).

3.4   Innovationswerkstatt

Zur Live-Interaktion mit Stakeholdern, insbesondere jedoch zur kollaborativen Arbeit an dem Produktportfolio des Möbel- und Interieur-Spezialisten SCHNEE-WEISS AG, wurde eine Innovationswerkstatt als Erlebnis-Element und zeitlich befristeter „Ort für Begegnungskommunikation" geschaffen. Der Fokus lag auf der Zielgruppe „Kunden", jedoch mit Vertretern weiterer Anspruchsgruppen als gemischtes „Team", darunter Architekten, Designer, Messebauer, Anwender/ Kunden, Möbelhersteller und deren Lieferanten (im Entwicklungsprozess) sowie Medienvertreter (in der Rolle von Trend-Scouts). Die Zusammenstellung erfolgte mit Blick auf zusätzliche Effekte, darunter die Erweiterung der jeweiligen persönlichen Netzwerke.

Bei der Auswahl der Teilnehmer war nicht nur das Interesse, sondern auch der mögliche Beitrag zu einem Erfolg der Veranstaltung relevant. Die Zahl der Teilnehmer musste groß genug sein, um multiperspektivische Ergebnisse zu liefern – und klein genug, um auf persönlicher Ebene, partizipativ und überschaubar, kommunizieren zu können. 25 Personen waren eingeladen und nahmen teil.

Wesentliche Elemente des Events waren die Interaktion in einer exklusiven Gruppe, der Transport von Image durch eine maximale Nähe zu den Marken, das Aufzeigen von Kompetenz und Kundenverständnis, die Entfaltung von Kreativität in der Gruppe und die Schaffung von Erlebnissen für die Teilnehmer mit einer nachhaltigen Wirkung.

Herausfordernd dabei war die mit der Vielfalt und Unterschiedlichkeit der Teilnehmer verbundene Motivation zur Teilnahme – also individuelle Ziele und Erwartungen, die synchronisiert werden mussten.

Dazu wurden Exklusivität und Neugier, vorhandene Verbundenheit mit dem Gastgeber, die Gelegenheit von Matchmaking-Chancen und einer „kreativen Auszeit" genutzt. Wesentlich für den Erfolg war jedoch die vordefinierte Rolle: Ohne Ausnahme wurden alle Teilnehmer zu Forschern und fanden sich so in einer homogenen Gruppe wieder.

Die erste Interaktion war bereits für die Vor-Phase der Veranstaltung geplant: der Einladungsprozess wurde mit der Themenfindung gekoppelt. Die Teilnehmer wurden gebeten, einen Produktbereich zu kennzeichnen, der wichtig und interessant, aber noch nicht mit einer idealen Lösung ausgestattet ist. So konnte das Bild des wertgeschätzten Gastes, ausgestattet mit einem explorativen Auftrag, transportiert werden. Die Heterogenität der Gruppe wurde durch die Pre-Event-Kommunikation bereits aufgelöst und jedes Mitglied als neugieriger Forscher und wichtiger Experte zur Generierung eines Innovations-Erfolgs angesprochen.

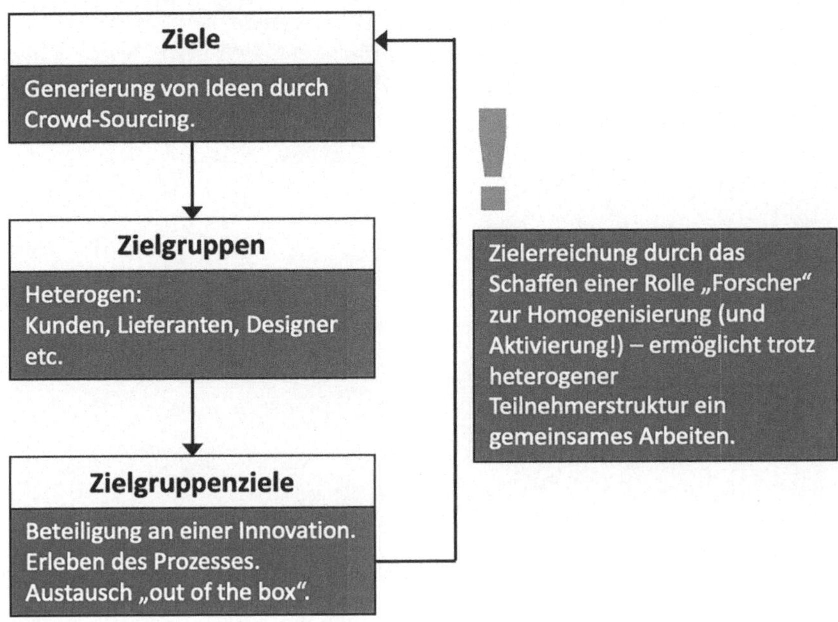

Abb. 3.4 Case 4 im Modell der Zielgruppenziele

Die Veranstaltungselemente im zeitlichen Ablauf und für einen vollständigen Werkstatt-Tag setzten dies fort und manifestierten die Rolle im Kontext der Zielgruppe – und deren Ziele, die nun kongruent zu denen des Veranstalters waren.

Als „Nachlese" erhielten die Teilnehmer eine persönliche Einladung in den VIP-Bereich des SCHNEEWEIS-Messestandes auf der Kölner „Orgatec", mit Vorstellung „ihres" neuen Produktes als Ergebnis der Veranstaltung – die Materialisierung der Suche exklusiv für die Mit-Schaffenden in diesem Kreativ-Prozess.

Die Veranstaltung zeigte, dass das Konzept kreativer Gruppen sowohl zu Innovationen als auch hochwertiger Kommunikationswirkungen führen kann. Zentral dabei ist die Homogenisierung einer heterogenen Gruppe zur Bildung einer einheitlichen Ziel-Plattform – mit zwar individuell unterschiedlichen Ausprägungen (mehr neugierig, mehr an Vernetzung interessiert etc.), jedoch einem für alle Beteiligten interessanten Hauptziel (ausführlich dargestellt in Luppold 2017) (Abb. 3.4).

Schlussbetrachtung 4

„It is not a rocket science!" Nein, den Fokus auf Ziele, Zielgruppen und Zielgruppenziele zu richten, ist dann leistbar, wenn man sich an dem orientiert, was in diesem Essential beschrieben wird. Klarheit über die eigenen Ziele (und nicht „Wir führen die Veranstaltung durch, weil wir sie schon immer gemacht haben…"), ein ganzheitliches Bild der Zielgruppen (mit den geschilderten Hilfestellungen wie Buyer-Personas oder Moodboard) sowie Transparenz der Zielgruppenziele – und deren Abgleich mit den eigenen.

Der Erfolg einer Veranstaltung kann nur durch das tiefere Verständnis der Zusammenhänge sichergestellt werden – was will ich erreichen, was sind das für Menschen, die ich dabei anspreche und mit welchen Erwartungen und Wünschen kommen sie zu mir.

Ein wenig mehr Aufwand vor dem Konzeptionsbeginn zahlt sich dabei aus. Denken Sie – als kleine Analogie – an einen Architekten, der ein Haus für Sie plant: er wird Ihre Begeisterung finden, wenn er im Vorfeld möglichst viel über Sie und Ihre Bedürfnisse in Erfahrung gebracht hat. Sein Ziel – einen Auftrag für den Bau eines Hauses zu erhalten – wird das befeuern!

Projektmanagement, Budget und Kreativität sind Elemente, die bei der Planung und Durchführung von Veranstaltungen relevant sind. Allerdings definiert sich der Erfolg über eine zielgruppenorientierte Konzeption. Ob Event, Konferenz oder Messe: eine frühzeitige Auseinandersetzung mit den Adressaten ist hierbei essentiell!

P. Haag und S. Luppold, *Zielgruppenorientierte Veranstaltungskonzeption,* essentials, https://doi.org/10.1007/978-3-658-31888-8_4

Was Sie aus diesem *essential* mitnehmen können

- Verständnis für den Erfolg von Veranstaltungen durch eine zielgruppenorientierte Konzeption
- Hilfsmittel, um die Determinanten von Zielgruppen transparent zu machen
- Einordnung von zielgruppenrelevanten Fragestellungen in die Phasen des Projektmanagements
- Orientierung und Hilfestellung für die eigenen Veranstaltungen entlang der vier vorgestellten Cases
- Motivation, zukünftig noch viel intensiver über die Erwartungen und Wünsche von Zielgruppen nachzudenken

Literatur

AUMA (2019): Erfolgreiche Messebeteiligung. Teil 1 – Grundlagen. Berlin: AUMA – Ausstellungs- und Messe-Ausschuss der Deutschen Wirtschaft e. V.

Bayer, W., Beck, C. (2008): Ziele erreichen – Zukunft gestalten: 37 Erfolgsbausteine für das Selbst-, Ziel- und Zeitmanagement. München, Mi.

Becker, J. (2018): Marketing-Konzeption – Grundlagen des ziel-strategischen und operativen Marketing-Managements. München: Vahlen.

Becker, J. (2006): Marketing-Konzeption – Grundlagen des ziel-strategischen und operativen Marketing-Managements. München: Vahlen.

Beckmann, K., Kaldenhoff, A., Kuhlmann, H., Lau-Thurner, U. (2006): Seminar-, Tagungs- und Kongressmanagement – Veranstaltungsdidaktik und -design – Projektmanagement – Durchführung und Nachbereitung. Berlin: Cornelsen.

Burr, W., Stephan, M. (2006): Dienstleistungsmanagement: Innovative Wertschöpfungskonzepte für Dienstleistungsunternehmen. Stuttgart: Kohlhammer.

Bühnert, C. (2013): Veranstaltungsformat, in: Dinkel, M., Luppold, S., Schörer, C. (Hrsg.): Handbuch Messe-, Kongress- und Eventmanagement. Sternenfels: Wissenschaft & Praxis, 199–212.

Dams, V. (2008): Entstehung und Zukunft der Direkten Wirtschaftskommunikation, in: Herbrand, H. (Hrsg.): Schauplätze dreidimensionaler Markeninszenierung – Innovative Strategien und Erfolgsmodelle erlebnisorientierter Begegnungskommunikation. Stuttgart: Edition Neues Fachwissen, 145–156.

DIN (2009): Deutsches Institut für Normung – DIN- Norm 69901 – Projektmanagement, aktuelle Ausgabe. Berlin: Deutsches Institut für Normung.

Dinkel, M., Semblat, U. (2013): Live-Kommunikation, in: Dinkel, M., Luppold, S., Schörer, C. (Hrsg.): Handbuch Messe-, Kongress- und Eventmanagement. Sternenfels: Wissenschaft & Praxis, 133–136.

Döring, S. (2018): Personalmanagement aus Perspektive der Dienstleistungsforschung: Entwicklung eines Bezugsrahmens zum Dienstleistungsmanagement und seine Anwendung auf die Personalgewinnung. Wiesbaden: Springer Gabler.

EITW (2020): Meeting- & EventBarometer – Deutschland 2019/2020. Die Deutschland-Studie des Kongress- und Veranstaltungsmarktes. Frankfurt am Main: EITW.

© Der/die Herausgeber bzw. der/die Autor(en), exklusiv lizenziert durch Springer Fachmedien Wiesbaden GmbH, ein Teil von Springer Nature 2020
P. Haag und S. Luppold, *Zielgruppenorientierte Veranstaltungskonzeption,* essentials, https://doi.org/10.1007/978-3-658-31888-8

Esch, F.-R., Langner, T. (2019): Ansätze zum Markencontrolling, in: Esche, F.-R. (Hrsg.): Handbuch Markenführung. Wiesbaden: Springer Gabler,1379–1408.

Forschelen, B. (2017): Kompendium der Zitate für Unternehmer und Führungskräfte – Über 5000 Aphorismen für Reden und Texte im Management. Wiesbaden: Springer.

Graf, M., Luppold, S. (2009): Event-Regie – Der spannende Weg vom ersten Konzept zur finalen Show – eine 360-Grad-Betrachtung der Live-Inszenierung. Wiesbaden: Gabler.

Kirchgeorg, M., Springer, C. (2010): Einsatz und Wirkung von Instrumenten der Live Communication im Kundenbeziehungszyklus, in: Georgi, D., Hadwich, K. (Hrsg.): Management von Kundenbeziehungen. Wiesbaden: Gabler, 326–343.

Kirchgeorg, M., Springer, C., Brühe, C. (2012): Effizienz und Effektivität der Live Communication im branchenübergreifenden Vergleich, in: Nickel, O. (Hrsg.), Eventmarketing – Grundlagen und Erfolgsbeispiele. 2. Aufl., München: Vahlen, 17–36.

Kirchgeorg, M., Springer, C., Brühe, C. (2009): Live Communication Management – Ein strategischer Leitfaden zur Konzeption, Umsetzung und Erfolgskontrolle. Wiesbaden: Gabler.

Kirchgeorg, M., Springer, C., Kästner, E. (2010): Objectives for successfully participating in trade shows. Journal of Business & Industrial Marketing, 25(1), 63–72.

Koontz, H., O'Donnel, C. (1972): Principles of management: An analysis of managerial functions. New York: McGraw-Hill.

Kotler, P., Armstrong, G., Harris, L., Piercy, N. (2019): Grundlagen des Marketing. München: Pearson.

Kroeber-Riel, W., Gröppel-Klein, A. (2013): Konsumentenverhalten. 10. Aufl., München: Vahlen.

Luppold, S. (2017): Eine Innovationswerkstatt mit Stakeholdern als kommunikationspolitisches Erlebnis-Element bei der SCHNEEWEISS AG, in: Kotler, P., Keller, K., Opresnik, M. (Hrsg.): Marketing-Management – Konzepte – Instrumente – Unternehmensfallstudien. 15. Aufl., Hallbergmoos: Pearson, 755–758.

Meffert, H., Bruhn, M., Hadwich, K. (2018): Dienstleistungsmarketing. Grundlagen – Konzepte – Methoden. 9. Aufl., Wiesbaden: Springer.

Meffert, H., Burmann, C., Kirchgeorg, M., Eisenbeiß, M. (2019): Marketing – Grundlagen marktorientierter Unternehmensführung: Konzepte – Instrumente – Praxisbeispiele. Wiesbaden: Springer Gabler.

Nickel, O., Esch, F. (2007): Markentechnische und verhaltenswissenschaftliche Aspekte erfolgreicher Marketingevents, in: Nickel, O. (Hrsg.): Eventmarketing – Grundlagen und Erfolgsbeispiele. 2. Aufl., München: Vahlen, 53–79.

Raab, G., Unger, A., Unger, F. (2018): Methoden der Marketing-Forschung: Grundlagen und Praxisbeispiele. Wiesbaden: Springer Gabler.

R.I.F.E.L (2020): Die gesamtwirtschaftliche Bedeutung der Veranstaltungsbranche. Berlin: Research Institute for Exhibition and Live-Communication.

Scherer, H., Sprenger, R., von Münchhausen, M. (2004): Die Erfolgsmacher – Von den Besten profitieren. Frankfurt am Main: Campus.

Scherm, E., Julmi, C. (2019): Strategisches Management: Theorie, Entscheidung, Reflexion. Berlin: De Gruyter.

Weinberg, P., Gröppel, A. (1989): Emotional Benefits in Marketing Communication. Irish Marketing Review, 4(1), 21–31.

Wiedmann, M. (2016): Live Communication-Atmosphäre als Profilierungsfaktor – Eine multimethodische Untersuchung der Wahrnehmung von Atmosphäre auf Publikumsmessen. Wiesbaden: Springer Gabler.

Winkelmann, P. (2010): Marketing und Vertrieb: Fundamente für die Marktorientierte Unternehmensführung. München: Oldenbourg.

Wohlfeil, M., Whelan, S. (2006): Consumer Motivations to Participate in Marketing-Events: The Role of Predispositional Involvement. European Advances in Consumer Research, 7, 125–131.

Wolf, A., Jackson, U., Keuchel, K. (2013): Gruppenerlebnisse im Spannungsfeld virtueller und Live-Kommunikation, in: Zanger, C. (Hrsg.): Events im Zeitalter von Social Media – Stand und Perspektiven der Eventforschung. Wiesbaden: Springer Gabler, 49–62.